NARRATORI MODERNI

Della stessa autrice in edizione Garzanti:
La tua seconda vita comincia quando capisci di averne una sola
La felicità arriva quando scegli di cambiare vita
Oggi è il giorno giusto per dare una svolta alla tua vita

RAPHAËLLE GIORDANO

OGNI MOMENTO
È PREZIOSO

Traduzione di
SARA ARENA

Garzanti

Prima edizione: giugno 2021

Per essere informato sulle novità del Gruppo editoriale Mauri Spagnol visita:
www.illibraio.it

Traduzione dal francese di
Sara Arena

Titolo originale dell'opera:
Le Bazar du zèbre à pois

© 2021 Éditions Plon, Paris, France

ISBN 978-88-11-81881-6

© 2021, Garzanti S.r.l., Milano
Gruppo editoriale Mauri Spagnol

Printed in Italy

www.garzanti.it

OGNI MOMENTO È PREZIOSO

Non coltivate ambizioni modeste: sono altrettanto difficili da realizzare di quelle grandi.

«Non sapevano fosse impossibile, così lo hanno fatto.»
MARK TWAIN

«Il poeta fa astrazione della realtà, così quel sognatore conta le stelle e arriva fino a immaginarle.»
GIACOMO BARDI

«Non è ciò che siamo a impedirci di realizzare i nostri sogni; è ciò che crediamo di non essere.»
PAUL-ÉMILE VICTOR

PROLOGO

Ogni vita inizia con un primo atto, e soprattutto con un'alzata di sipario. Chi può dire se questi istanti non imprimano una direzione a tutto il resto di quell'esistenza?

Il mondo intero è un palcoscenico,
E tutti gli uomini e le donne non son altro che attori
Shakespeare

Ecco perché il modo di fare il proprio ingresso in scena è di primaria importanza.

Un uomo. Una donna. Insieme attendono in uno studio medico immerso nella penombra come a maggior difesa del pudore. Ginecologo *oblige*. Seduti uno accanto all'altra, si lanciano sguardi furtivi e abbozzano sorrisi camuffati da una complicità che sono lungi dal sentire.
Entra il dottore, in camice bianco, e con qualche indicazione cortese invita la giovane paziente ad accomodarsi. Lei esegue e ricaccia giù discretamente il proprio bisogno di empatia, proporzionale solo al suo insondabile desiderio di essere rassicurata. Si stende sulla carta bianca, che immancabilmente si strappa. Senza ragione, è infastidita da quel foglio che dovrebbe proteggere il lettino e non sta al suo posto. Il dottore le chiede di alzare la camicetta sopra il petto e guarda senza battere ciglio quell'enorme protuberanza scoperta. Un enorme cocomero. Una mongolfiera, più che altro. Un esoplaneta. Non riesce ad abituarsi, sgrana gli occhi davanti a quella cosa che prima era il suo ven-

tre e che ora è diventata estranea al suo corpo: una strana escrescenza che potrebbe essere esposta in una camera delle meraviglie.

Guarda la linea scura che ormai raccorda l'ombelico al pube: il primo disegno del suo bambino per lei. Avrebbe preferito che trovasse un altro muro per taggarle il suo amore, ma pazienza, non gliene vuole. Sente solo affiorare una paura familiare. Ritroverà mai la sua bella pancina piatta che fino all'altro ieri faceva strage? Non ha voglia di essere relegata in un'altra, nuova, categoria: diventerà madre, prima che donna? Chiude gli occhi per non pensarci. Non adesso, non ancora.

Tutto a posto? chiede il suo uomo. *Sì, tutto a posto.* Il dottore, compreso nel suo ruolo, si china per spargerle del gel freddo sull'addome. Brividi. Un portatore sano di stetoscopio parlerebbe di orripilazione o riflesso pilomotore. Gli altri – *voi e me* – di pelle d'oca...

La sonda comincia il suo lavoro di esplorazione. Cala il silenzio; ci sono momenti in cui le parole sono fuori posto. Lo sguardo della donna sonda, anch'esso, e tenta di decriptare la minima parcella di informazione sui lineamenti lisci e contratti del medico. All'improvviso il volto dell'uomo appare turbato. Non è forse una ruga quella che si scava tra i suoi occhi? La donna trattiene il respiro e pianta le unghie nel palmo del marito; la preoccupazione gli lascia quattro piccole virgole rosse sulla carne, ma lui non emette suono, galvanizzato dalle immagini surreali del piccolo essere che appare sullo schermo.

I secondi sembrano interminabili. Poi finalmente arriva il verdetto: è come un parto, una liberazione con qualche mese di anticipo.

Va tutto bene. Tre parolette dette così, con nonchalance, con un sorriso appena accennato da medico soddisfatto. Il cuore dei due genitori esplode di gioia, senza far rumore, però, per non turbare quell'ambiente ammantato di sanitaria deferenza.

Volete sapere il sesso? Sì, lo vogliono, è più tranquillizzante per preparare l'arrivo del bebè. Il colore della carta da parati, le prime tutine…

Di nuovo la sonda si agita sulla pancia. Il medico cerca. Tenta. Storce il naso. *Mi dispiace, non si vede niente. Non potrò dirvelo oggi…*

Con occhio velato di delusione la madre getta un ultimo sguardo sullo schermo dove campeggia beffardo il posteriore del suo bambino.

SCENA 1

Mi chiamo Basile e ho cominciato la mia vita indicando la luna.

Forse è per questo che mi sembra sempre di venire da un altro pianeta?

Dopo quarantadue anni di esistenza, credo di sapere meglio, oggi, di che pasta sono fatto. Una pasta singolare, di quelle artigianali, che non si fanno in serie.

A cinque anni già mi allenavo a leggere da solo.

A sei, dopo un'acchiapparella sfrenata coi compagni di classe in cortile, a ricreazione, mi sono fermato, sfinito, e ho portato due dita alla giugulare per sentire il battito. Poi ho esclamato: «Oh, il mio cuore batte troppo veloce!».

La ragazzina di cui avevo la debolezza di essere innamorato – manifestavo anche una sorta di precocità sentimentale – si girò verso di me scoppiando a ridere con aria canzonatoria. «Ma no, scemo! Non è mica lì il cuore! è qui!» disse picchiandosi sul petto al posto giusto.

La risata matta che seguì quella sua stilettata e l'aneddoto mi valsero una reputazione da cretino che mi perseguitò per il resto dell'anno scolastico.

Va detto che ero uno di quei bambini maldestri che non si guadagnano la clemenza dei loro pari.

Destro di cervello e mancino nel corpo. Così goffo nelle relazioni coi ragazzetti della mia età, non sapevo mai cosa dire, come parlare, come farmi accettare.

Per agevolare la mia vita sociale, i miei genitori mi spingevano ad accettare il massimo numero possibile di inviti a merende, festine di compleanno e ogni tipo di incontro con quelli che chiamavano i miei «simili». Immaginavano anche solo per un secondo che non ci fossero al mondo persone più dissimili da me, di quei simili? Che non riuscivo a sentirmi a mio agio tra quei bambini con cui non condividevo nessuno dei giochi e nessuna delle preoccupazioni?

A volte mi costringevo a partecipare a qualche battaglia con l'orda dei «compagni». Durante uno di quei combattimenti armati, uno di loro fu a un passo dall'accecarmi, il che fece molto ridere gli altri, senza che io ne comprendessi il motivo. Tenendomi l'occhio ferito con una mano, mi ricordo di aver sorriso per salvare la faccia e far pensare che mi «divertivo». Un'erma bifronte, insomma. A volte mi rifugiavo in cucina per provare a fare due chiacchiere con i genitori; assaporavo quelle interazioni, che mi mettevano sullo stesso piano con cervelli adulti. Loro mi guardavano con aria stupita e un po' incuriosita; si prestavano al gioco della discussione per qualche minuto, poi finivano immancabilmente per pronunciare la sentenza della mia messa al bando: *Non vuoi andare a giocare, ometto?*

Dio, quanto mi dava sui nervi quella frase. E poi dire a un bambino «ometto» significa solo ricordargli quanto è piccolo. Che incubo.

Per forza di cose ho dovuto adattarmi e imparare a rispondere con la reazione che sembrava più socialmente accettabile. Espressioni a comando! Al fine di intercettare al meglio gli umori dei miei compagni e anticipare i rischi inerenti alla frequentazione di quella crudele fascia d'età, tenevo perennemente attivati i miei sensori da ragazzino ipersensibile, il che creava in me uno stato di allerta quasi costante. Era estenuante.

Non potrei spiegare tutto ciò che ho messo in campo per crescere più in fretta. Credo di essere stato il bambino che ha trangugiato più minestra al mondo. Che è stato più dritto sulla sedia. Che ha cercato di osservare più prescrizioni. Mentre i miei fratelli e le mie sorelle si azzuffavano come cani e gatti giocando ai giochi della loro età, io mi mettevo in un angolino a leggere il dizionario per imparare a parlare come gli adulti.

Parallelamente a quel programma di crescita accelerata, tentavo anche di soddisfare la mia insaziabile curiosità per tutto ciò che riguardava la meccanica e l'elettronica.

Mi accadeva di andare in perlustrazione in una discarica vicino a casa per rubacchiare i più svariati aggeggi e portarli via con me. Tornato a casa, li smontavo per vedere com'erano fatti. Leggevo la costernazione negli occhi dei miei fratelli e sorelle. Mia madre mi sgridava. *Ma vuoi beccarti il tetano? Ti proibisco di tornare lì dentro! E se ti tagli? E se cadi? E se ti morde un topo? E se ti schiacciano insieme alle carrozzerie delle macchine?*

La fantasia di mia madre era incredibilmente prolifica, in quei momenti. Ma io la amavo sopra ogni cosa, nonostante il suo zelo iperprotettivo. Lei era l'unica che riuscisse a intravedere qualcosa di promettente nei miei strani scarabocchi da sognatore. Prestissimo, infatti, iniziai a riempire interi quaderni di invenzioni improbabili, riflessioni metafisiche, poesie…

Quando a ricreazione leggevo libri di maestri della fantascienza, come *Io, robot* di Isaac Asimov o *Dune* di Frank Herbert, intercettavo commenti sprezzanti di certi miei compagni di classe, non certo intellettuali raffinati, ma bravi a trovare le parole che fanno male. I malfattori badavano bene a parlare abbastanza forte da essere sentiti dalla loro vittima. *Lascialo perdere, è tutto strambo quello lì.*

Percepivo in loro il disdegno, ma anche una forma di paura, che suscitava il mio stupore. In cosa potevo far paura io, che non avrei fatto male a una mosca?

Cercai la definizione di «strambo» sul dizionario. *Di indole insolita, stravagante.* Dunque, agli occhi degli altri, non ero del tutto «normale». Mi sono molto interrogato. Ma cosa poteva mai essere la normalità? Sicuramente qualcosa di rassicurante per le persone. "Se solo capissi meglio in che cosa consiste", avevo pensato.

L'ultimo anno delle elementari mi era venuta l'idea di mettere in piedi una specie di osservatorio della normalità. Avevo preso la cosa molto sul serio; avevo un quadernetto dove annotavo tutti gli stratagemmi possibili: *Condividere delle caramelle coi compagni all'uscita da scuola. Lavarsi meno le mani e soprattutto non dare troppe risposte giuste in classe. Provare a mancare un po' di rispetto alla maestra qualche volta. Amare il calcio e i jeans coi buchi. Avere una fidanzata* (parola «avere» barrata e rimpiazzata con «inventarsi»). *Sputare rumorosamente gli spinaci a mensa con la faccia di uno che sta per vomitare. Comprare sangue finto per Halloween. Incidere le proprie iniziali sul banco con le forbici senza farsi beccare...*

Nonostante i miei nobili tentativi, restavo quello con cui non era «figo» farsi vedere in giro.

Le cose non sono migliorate quando sono passato alle medie. Da oggetto di curiosità sono diventato capro espiatorio. E lì ho capito che dovevo proprio fare qualcosa.

Dovevo trovare un modo per farmi accettare, almeno quanto bastava per far smettere tutti i mini-atti di bullismo che diventavano penosi da sopportare e – a volte – le botte dei bruti della scuola che mi lasciavano costellato di lividi dentro e fuori. E l'amor proprio, ahimè, è più lento a guarire del corpo...

Avevo la fortuna di avere un padre con la passione del bricolage. Gli piacevano tantissimo le moto antiche: le comprava, le sistemava da cima a fondo e le rivendeva. Dunque, avevo a portata di mano tutto un armamentario di arnesi che potevano affascinarmi. Mi piaceva passare il mio tempo libero in quel luogo rasserenante e pieno di ispirazione. Solo. Tranquillo nel mio universo, tête-à-tête con le mie fantasie. A casa, insomma. È stato lì che ho elaborato l'idea dei miei *animaletti* articolati. Ragni meccanici. Inserii in quelle bestiole un accelerometro collegato a un sensore di presenza: così, ogni volta che una mano si avvicinava a una certa velocità per afferrare il ragno, quello scappava via. Perfezionai il prototipo aggiungendo un led rosso che si accendeva durante il movimento. Faceva un effetto pazzesco!

Li chiamai SpiderTrick. Ebbero un grande successo a scuola, in cortile, a ricreazione. Attraverso il passaparola iniziai perfino a ricevere «ordini» da parte dei capetti delle scuole superiori del quartiere, avidi di buoni affari. Compravano gli SpiderTrick a un tozzo di pane per rivenderli a tre volte tanto e io mi ritrovai mio malgrado coinvolto in quel traffico. Il preside finì per venire a conoscenza di quel mercato nero da adolescenti non proprio modello e ne venne fuori un putiferio: convocazione degli alunni e dei genitori, ripassata memorabile, sospensione.

Feci uno sforzo di notevole autocontrollo per non esplodere di gioia all'annuncio di quella punizione che suonava come la campana a morto della mia impopolarità, ne ero certo. E in effetti fui circondato da una certa aura di gloria quando, quindici giorni dopo, tornai a scuola, ormai nel ruolo di «ribelle» rispettato.

Quanto basta per capire come, a dodici anni appena compiuti, io fossi già definitivamente contagiato dal virus dell'invenzione.

SCENA 2

Con un ginocchio a terra, assorbito dal suo compito, Arthur fa a malapena caso alle parole dell'amico.

«Dai, vieni. Filiamocela!»

«Tranquillo, vecchio mio! Continua a fare la guardia che finisco...»

Médine si dondola da un piede all'altro. Arthur capisce benissimo che lo sta maledicendo interiormente, e forse non ha tutti i torti a preoccuparsi. Se li prendono, sono fritti: il loro libro nero è già pieno di malefatte, non possono permettersi di aggiungere altre sciocchezze all'elenco. Ma Arthur ha quella mania di essere sempre fiducioso e mostrare un sangue freddo incredibile in ogni circostanza...

«Sbrigati!» gli fa Médine, sempre più nervoso.

Arthur, inginocchiato, agita la bomboletta per continuare il graffito. Sono due settimane che lavora a quel progetto: ha trovato il tombino a griglia giusto, ha passato un mucchio di tempo a preparare la sagoma – ficcato in camera sua, dove la madre lo credeva addormentato, si alzava per lavorare al disegno, minuziosamente – poi si è messo a ritagliare la placca di polipropilene con l'x-acto, un cutter molto affilato che permette di ritagliare i particolari con grande precisione.

«Aspetta, devo fare solo la finitura!»

Arthur vede benissimo che l'amico non ne può più, ha l'aria furibonda, ma ormai non si può fare altrimenti, deve finire, e pazienza per l'umore della sua sentinella. Scambia la bomboletta nero opaco con una blu elettrico. Toglie il *fat cap*, che ha il tratto troppo largo, e opta per uno *skinny cap*, il più adatto a realizzare i dettagli. Prova un vero piacere nell'illuminare il graffito con un bordo a effetto. È arrivato il momento eccitante della rivelazione: con un gesto rapido toglie la sagoma.

«Allora?» chiede con una certa fierezza.

Médine è *sbalordito*. Sotto i suoi occhi il tombino si è trasformato in uno scheletro, la griglia è la gabbia toracica, sormontata da un messaggio di cui Arthur è particolarmente orgoglioso: DIS-GIUSTO. È così contento di aver potuto esprimere con quella creazione un po' della sua rivolta contro il sistema che lo opprime cercando di farlo entrare in uno stampo troppo stretto per lui! Ormai è bollato come canaglia, marchiato a fuoco dai cattivi risultati scolastici, e a volte ha l'impressione di essere già pronto per essere buttato nelle fogne, come un rifiuto nel tombino... Ma chi decide cosa è giusto? Se solo riuscisse a trovare il suo posto!

Mentre mette via di fretta il materiale, un lembo del cappotto struscia involontariamente contro il disegno non ancora asciutto.

«Oh, no, ho sbavato!» si arrabbia Arthur.

Médine lo tira per la manica, sempre più preoccupato. In quel momento, sbuca un adulto. Peggio, un poliziotto. Arthur afferra al volo i suoi arnesi e i due se la danno a gambe, mentre alle loro spalle piovono le imprecazioni dell'inseguitore. Arthur getta un'occhiata all'amico, che sembra faticare a tenere il ritmo e maledice i chili di troppo che lo rallentano.

«Seguimi, so dove andare.»

Se non corrono più svelti, finisce che li prendono! Arrivano davanti al grand hotel della città.

Arthur trascina Médine nel cortile posteriore. Davanti all'ingresso dei fornitori, carrelli pieni di lenzuola bianche attendono di essere portati in lavanderia. Arthur ci salta dentro, seguito da Médine, ed entrambi spariscono sepolti sotto la pila di tessuto.

L'agente arriva poco dopo, ansimante.
«Ha mica visto due ragazzi che scappavano?»
La cameriera fa spallucce; l'agente sospira e torna sui suoi passi.
Ecco quel che si dice salvarsi in corner, pensa divertito Arthur, contento della sua prodezza del giorno.
All'improvviso sente il carrello muoversi.
«Ehi!»
La cameriera caccia un urlo alla vista dei due energumeni irsuti che spuntano da sotto l'ammasso di lenzuola e li caccia in malo modo. Aspettano di aver superato l'angolo della strada per sbellicarsi dalle risate.
Si dirigono verso una panetteria: tutte quelle emozioni mettono fame! Ne escono con un pain au chocolat e una Coca-Cola ciascuno e camminano per il quartiere senza meta, assaporando quel pieno di zucchero reso ancora più buono dal loro exploit.
Il telefono di Arthur si mette a suonare.
«Aspetta, è la mia vecchia. (*Cambio di tono*) Pronto, ma'? Sì, tranquilla, torno tra poco. No, non sono in giro a far niente. Sono con Médine, ci mangiamo una cosa insieme. Sì, certo che poi faccio i compiti! Mi organizzo, non ti preoccupare. Ti saluto, che sono per strada. Arrivo...»
Quando mette giù, Arthur ha un'espressione cupa. Médine ride. Arthur lo fulmina con lo sguardo. Si salutano all'incrocio di sempre, dandosi un cinque.

Arthur tira su il cappuccio della felpa e ficca le mani in tasca. Risale la via dei negozi. Non vuole contrariare ulteriormente sua madre, l'atmosfera a casa è già abbastanza tesa. Nota comunque, passando, un nuovo negozio all'angolo. Da settimane quel locale era nascosto dai lavori in corso. Si chiede chi mai abbia aperto. Un ottico? Un negozio di telefonini? Un parrucchiere? pensa disilluso. Niente di tutto ciò. Quando si avvicina, la vetrina cattura la sua attenzione. A grandi lettere, in bei caratteri bianchi su fondo nero, legge: IL BAZAR DELLA ZEBRA A POIS.

SCENA 3

"Basile, il tuo allestimento lascia ancora a desiderare..." mi dico, con l'abituale perfezionismo che mi contraddistingue. Sono ore che curo gli ultimi dettagli del negozio e, va detto, il tempo non mi manca: non è facile attirare clienti fin dal primo giorno, non c'è niente di strano. Per il momento la gente studia la situazione; le persone passano davanti alla vetrina, si fermano per qualche secondo, con aria interrogativa.

Tornare a Mont-Venus, sei mesi fa, è stato per me un autentico ritorno alle origini. Mont-Venus... Il nome mi fa sorridere ancora oggi. Rivedo mia madre, quando dettava il nostro indirizzo e precisava, con serietà disarmante: «Venus, senza accento, per favore, participio passato di "venire"; non Vénus, Venere, la dea». Ebbene sì, il bambino del paese è tornato a casa. Con un biglietto di sola andata. Torno qui, spogliato del mio passato, come un sopravvissuto. Un uomo che aveva tutto e che è riuscito a perdere l'essenziale. Ed è proprio questo che sono venuto a cercare qui: l'essenziale. Ripartire da zero e, in questo slancio fondatore, reinventarmi in un progetto dotato di senso. Rinascere dalle mie ceneri. Basta con la folle ed egoistica corsa al denaro e al successo. Non desidero altro che calma, pace, gioie semplici. Non sto aprendo un negozio; mi sto regalando un nuovo stile di vita, più puro, più autentico. Gli oggetti che invento solleticano la fantasia, la creatività, spingono la mente ad aprirsi a una modalità di pensiero più audace. Non hanno alcuna utilità pratica, ed è proprio quello che mi diverte. Sulla porta ho dipinto in un bel corsivo: *Negozio di oggetti provocatori*.

Sono perfettamente consapevole che lanciare un'attività del genere a Mont-Venus è un grosso rischio. Dio sa se la amo, questa bella cittadina della provincia francese, coi suoi cinquantamila abitanti orgogliosi di tenere un piede nel loro passato pieno di tradizioni... ma, va detto, non è un posto noto per essere all'avanguardia. E il mio negozio, in questa via piena di classici esercizi commerciali, potrebbe apparire fuori contesto.

Naturalmente, la mia formula di concept store all'inizio incontrerà delle difficoltà, c'è da metterlo in conto. Ma io sono fiducioso e mi piace da morire l'idea di contribuire a dimostrare che lo spirito di inventiva non esiste solo nelle grandi metropoli.

Che importa se all'inizio le persone non capiscono? L'obiettivo è sorprenderle, indurle a cedere alla loro curiosità, a varcare la soglia per scoprire il mio universo. Per gli esterni ho riciclato una vecchia insegna in ferro battuto e ci ho messo il mio logo con la zebra a pois, visibile da lontano. Un logo rotondo, con all'interno una rappresentazione molto stilizzata di una zebra coi puntini al posto delle strisce. Cercavo un'immagine che potesse esprimere graficamente l'idea di singolarità e la zebra mi è sembrato uno tra gli animali più grafici in assoluto, con quelle incredibili strisce. Ma le strisce erano ancora troppo banali. Una zebra a pois, invece, come una pecora a cinque zampe, mi sembrava abbastanza singolare. Il negozio è stato decorato e arredato con un approccio contemporaneo, in un gioioso insieme di stili: tocco molto di design all'esterno e vintage rétro all'interno, tipo loft-atelier da artista. Osare il contrasto mi sembrava indispensabile! Innanzitutto la facciata in legno scuro, con la modernità della sua estetica sobria ed elegante che amo: le linee essenziali, le lettere dell'insegna dipinte di bianco con intramontabili glifi nitidi ed eleganti (il carattere Elzeviro è nella tipografia l'equivalente del tubino nero nella moda)... La grande vetrina mette in scena, in primo piano, le creazioni di punta e permette di intravedere in secondo piano l'interno: spazi diversi, come scrigni, per presentare ogni linea di oggetti in serie limitata e sottolinearne la poesia, il mistero o l'aspetto provocatorio. Lì, un pezzo di parete in mattoni, là un muro bianco e uno nero e, sopra, il mezzanino con il mio studio-laboratorio a cui si accede da una scala a chiocciola. Tutta la parte frontale del negozio è immersa nella luce grazie alla grande vetrata e all'incredibile altezza del soffitto.

Il visitatore si muove tra gli scaffali come se stesse passeggiando per una mostra e si ferma, secondo le sue voglie, davanti alle invenzioni che attirano la sua attenzione. Non per questo però si potrebbe dire che vi sia una vera parentela con una galleria d'arte: il Bazar della zebra a pois vuole essere un luogo che fa «vivere» oltre che vedere. Qui si viene per essere stupiti, divertirsi, sedersi, mangiare qualcosa, bere, chiacchierare...

Come un tempio della curiosità, in cui però non è necessario parlare a bassa voce!

Mi sono spinto fino ad allestire un piccolo angolo-sala da tè, caldo e accogliente con mobili vintage, annunciato da un'insegna in metallo che invece del classico HOME SWEET HOME introduce il cliente in uno SHOP SWEET SHOP.

Mentre cala la sera, in questo dolce inizio di autunno, mi avvicino alla vetrina per contemplare il logo di ferro battuto della mia zebra che dondola leggermente al vento.

All'improvviso il campanello della porta tintinna e un ragazzone entra nel negozio. Che età può avere? Quindici? Sedici anni?

«Buonasera! Benvenuto!»

Lo sguardo che mi rivolge blocca sul nascere la mia cordialità. Mi eclisso per lasciare che curiosi e si faccia un giro a suo piacimento. Intanto, fingendo di sistemare, lo osservo con la coda dell'occhio.

Noto il cappotto macchiato di pittura nera, le stesse macchie che ha anche sulle dita. Con quel cappuccio rosso tirato sulla testa, si dà delle grandi arie da ribelle, come per esibire una disubbidienza forse meno sicura di quanto voglia far apparire. Osservo furtivamente il viso tondeggiante dai lineamenti armoniosi, nonostante una leggera deviazione del setto nasale, gli occhi neri brillanti con un non so che di sfuggente, i capelli marrone scuro dal taglio curato, che contrasta con lo stile trasandato dei vestiti. La moda detta ai giovani della sua generazione i tratti di stile come vere e proprie imposizioni: per la maggior parte uno scalato molto corto sui lati e più lungo sopra, con una netta riga di separazione fatta col rasoio elettrico.

Sorrido a quel conformismo tricologico che mi riporta ai miei personali paradossi: come appartenere a un gruppo trovando comunque la propria singolarità?

Il ragazzo si avvicina al primo espositore dove troneggiano le bestiole della mia infanzia. La nuova generazione di SpiderTrick. Non capisce come funzionano e si vede che la cosa lo innervosisce. Lo lascio fare. Se glielo mostro io, il piacere della scoperta sarà rovinato. Si sforza di leggere il cartoncino che svela i segreti del mio insetto dalle zampe meccaniche; capisce il sistema del sensore di presenza e dell'accelerometro che innesca il movimento quando la mano si avvicina per prendere l'insetto. Sorride discretamente e lo fa due, tre volte.

Mi sento come se avessi passato il primo turno di un esame davanti a una commissione molto severa.

Tornato diffidente, prosegue la sua esplorazione verso gli oggetti del *prêt-à-penser*. Eccolo che si ferma davanti alle mie «scatole di conserva per aprire la mente».

La prima porta il messaggio: *I sogni non crescono nelle scatole di sardine.*

Dentro ci sono quattro piccole sardine di legno dipinto, tutte allineate, ognuna con l'indicazione di due antonimi che devono far riflettere sull'atteggiamento che vogliamo avere verso la vita: *Generoso o avaro? Costruttivo o critico? Audace o timoroso? Volenteroso o passivo?*

Il ragazzo si gratta la nuca. Potrei giurare che lì dentro le rotelle stanno girando. Gioisco interiormente.

Prende in mano un'altra scatola e vedo le sue labbra leggere: «Barattolo politicizzato». La apre e sobbalza di fronte al messaggio che salta fuori tipo pupazzo a molla: *No alle idee conservatrici*. Si gira verso di me e mi dice con aria beffarda: «Ma queste scatole non servono a niente!».

La sua reazione mi diverte: «In effetti, da un punto di vista strettamente pratico no. Però ti chiedo: per te non conta nulla se un oggetto ti fa riflettere, o anche solo sorridere?».

Strizza gli occhi, come per osservarmi meglio. Sta per ribattere e alzare la posta, ma poi decide di stare zitto e sposta la sua attenzione sulla scatola di conserve vintage di Heinz Baked Beans rivisitata con la frase di Obama: *Yes, we can!*[1]

Il suo viso si illumina quanto capisce l'allusione.

«Buona questa!»

Gli sorrido.

«Vuoi che ti spieghi meglio il concept del negozio?» provo.

«No, grazie. Do solo un'occhiata.»

Passa davanti alla «lampada-palindromo» – la parola ORO si può leggere in entrambi i sensi – che porta incisa sulla base la scritta *Il sogno è l'ORO dei tuoi giorni* e si ferma davanti all'orologio a clessidre.

«E questo?»

«Questo è "l'orologio-del-tempo-che-passa". Come vedi ci sono dodici clessidre disposte su due file. In ciascuna la sabbia scorre in sessanta minuti, così con un'occhiata puoi farti un'idea dell'ora... Ma è soprattutto un bell'oggetto che permette di non perdere di vista il valore del tempo che scorre.»

«Non male...»

L'orologio gli piace.

«Quanto viene?»

---

[1] *Can*, in inglese, «barattolo, lattina».

«Ottantanove euro...»
«Ah, però...»
Lo mette giù.

Poi il suo sguardo si posa su una cornice nera appesa al muro.

All'interno... Niente. Aggrotta le sopracciglia e si gira verso di me, con aria interrogativa.

«Ehm, quello non lo capisco. Non c'è nulla da vedere?»

«Appunto! Quello che c'è da vedere lì è proprio il "niente". Puoi prenderla come una specie di arte concettuale. L'oggetto ti invita a riflettere sull'utilità del niente. La cornice è vuota: metaforicamente è come dire allo spettatore che è bene lasciare dello spazio vuoto nella vita, non cercare di riempire per forza tutto lo spazio. Il tempo del sogno, il tempo dell'essere... il tempo del nulla! Per esempio, sedersi solo per sentirsi vivi, presenti al presente. Immagina uno spartito musicale senza pause, senza alcun momento di silenzio: sarebbe un'insopportabile cacofonia! Eppure quanta gente oggi si riempie la vita di attività, agitazione, frenesia, cose da fare a tutti i costi? Tutto corre vorticosamente, e noi corriamo dietro al tempo, vorremmo "fermarlo", averne di più, come se si potesse prenderlo a credito. In realtà è come se stessimo chiedendo un mutuo senza avere i mezzi per sostenerlo. Il tempo si ascolta, come il silenzio; prende forma solo se ci permettiamo di guardarlo essere. Altrimenti ci scivola tra le dita.»

E aggiungo, con aria maliziosa: «Sarà nulla, ma cambia... tutto!».

Vedo che nella sua testa si è accesa una lampadina. Esulto. Sta per dire qualcosa, ma il suo telefono si mette a suonare; lo cerca febbrilmente nelle tasche, imprecando. Evidentemente qualcuno lo aspetta, non finirà il giro del negozio. Peccato, era sul punto di scoprire i pezzi più belli, magari sarà per un'altra volta. Lo guardo andare via, commosso dal fatto che un adolescente grande e grosso come lui sia stato sensibile allo spirito del bazar. Quanto allo SpiderTrick che si è infilato in tasca, farò finta di non aver visto nulla.

SCENA 4

Giulia vive una mattinata come le altre, in cui l'ordinario detta i gesti e dà il ritmo. Sta per uscire di casa. Afferra il mazzo di chiavi sulla consolle di wengé dell'ingresso e, prima di infilare la porta, non può impedirsi di gettare un'occhiata al suo riflesso nello specchio. Registra l'apparizione di due rughette all'angolo degli occhi. Si chiede se può ancora piacere. Si sofferma a ispezionare gli zigomi alti, la pelle diafana, la bocca dalle forme dolci e le lunghe ciglia nere appena scurite dal mascara, che sottolineano gradevolmente l'azzurro degli occhi. Alla base del collo, un neo, simile a una mosca settecentesca, rivela il suo temperamento appassionato dietro un'apparenza discreta. Sì, ha ancora delle carte da giocare.

«Vado!» urla a suo figlio.

Lo sente bofonchiare dalla sua camera. Sa benissimo che lui non è pronto. "Arriverà in ritardo a scuola anche stavolta", pensa irritata.

Da quanto lei ha memoria, suo figlio non è mai stato nei ranghi e incline a rispettare le regole, i paletti, le imposizioni. Pensa a tutti gli anni trascorsi con pazienza ad aiutarlo ad adattarsi al sistema scolastico, a cercare di riuscire nell'impossibile: far entrare un cerchio in un quadrato. Quando era piccolo, la sua incompatibilità col sistema si notava meno. Allora il suo bambino era bravissimo a surfare sulle sue abilità e a cavarsela col minimo sforzo. Purtroppo, crescendo, l'inganno non ha più funzionato. Di insuccesso in insuccesso aveva dovuto arrendersi all'evidenza: il suo ragazzo non era fatto per la scuola. Il percorso educativo si era a poco a poco trasformato in una via crucis e tra lei e lui il rapporto si era fatto sempre più teso, fino a diventare esplosivo... Una miccia pronta ad accendersi da un momento all'altro... Giulia riconosceva che la partenza del padre di Arthur e la loro separazione non aveva certo aiutato. Il suo ex marito era fuggito dalle responsabilità richieste dall'educazione di un figlio fatto tutto a modo suo, che veniva su come erba selvatica?

Persa nei suoi pensieri neri, Giulia manda un grido quando si fa quasi investire da un'automobilista che si allontana ricoprendola di insulti. Si scusa con voce atona. Non può impedirsi di attribuire la sua disattenzione allo stress e a quell'ineffabile sentimento di cupezza che sente crescere dentro di sé fin dal mattino.

Quando ha messo il primo piede fuori dal letto era già stanca, una sensazione che ormai la accompagna da tempo. Andando verso l'agognata macchina del caffè è inciampata nelle scarpe da ginnastica di Arthur – tolte, ovviamente, senza nemmeno slacciarle e lasciate alla rinfusa sul pavimento –, nello zaino di Arthur – mai aperto dalla sera prima – nei calzini di Arthur – ma ne avrebbe probabilmente scoperti altri, dispersi nei luoghi più incongrui, nei giorni delle grandi pulizie di primavera –, infine su Arthur stesso, col suo metro e ottanta di stazza. Un rauco grugnito a mo' di buongiorno e un rapido bacio dato velocemente, senza interrompere il rap che gli risuona nelle orecchie. A quel livello di ascolto intensivo, più che cuffiette sono impianti cocleari...

Giulia sale sull'autobus per un pelo e per tutto il tragitto scrive nella sua testa una lettera virtuale a suo figlio, presa dal desiderio di parlargli col cuore in mano, quel cuore così spesso stiracchiato tra amore e fastidio. È l'adolescenza, come dicono? Le parole si dipanano nella sua testa mentre guarda sfilare il paesaggio.

Arthur... Je t'aime, moi non plus. Ecco la canzone che ci descrive, me e te, negli ultimi tempi.
Certo che ti voglio bene. Allora perché ho così spesso voglia di strangolarti? Sarà per questo che mi fanno tanto ridere i Simpson quando Homer cerca di strozzare suo figlio Bart?
Quanta voglia ho di scoppiare, a volte, e perdere le staffe! Madri tese come corde di violino. Donne sull'orlo di una crisi di nervi. Figlio mio, ho l'onore di dirti che mi fai sentire la protagonista di un film di Almodóvar.
Con te la quotidianità sembra il mito di Sisifo: un'eterna ripresa di suppliche per cercare di educarti ai gesti più elementari della buona educazione e della convivenza civile, quell'insieme di piccole regole necessarie e che troppo stesso restano lettera morta.
Possibile che cose così semplici sembrino richiederti una formazione universitaria in educazione domestica?
Riesci a comprendere che la tavoletta del water non è più bella se rimane alzata, che piegare le tue cose non significa appallottolarle, che i vestiti puliti non amano essere confusi con quelli sporchi e che i panni sporchi preferiscono non essere messi nell'armadio coi puliti, che per dormire c'è di meglio che infilare la tua bella polo appena stirata, che apparecchiare non significa lanciare due forchette sul tavolo e (checché tu ne pensi) le spugne della cucina non sono topi morti e le briciole da spazzare non sono insetti ripugnanti, che la spazzatura è tua amica, che i tuoi biscotti preferiti non rispunteranno da soli nelle confezioni vuote disseminate sul pavimento della camera...
Capisco che in qualche modo tu preferisca non svolgere queste mansioni per paura di perdere i tuoi privilegi; senz'altro pensi che se mostri di esserne capace, io non farò mai più tutto questo per te. Probabilmente senti che stai vivendo ora i tuoi ultimi istanti di infanzia e trattieni ancora per qualche momento la spensieratezza di quell'età dell'oro in cui altri «si occupano» delle cose al posto tuo.

Una signora sale sull'autobus con un passeggino. Quanti anni di educazione della prole ha davanti a sé, pensa Giulia con compassione. Si ricorda di una pubblicità che passava su France 5: «Educhiamo! È forse un insulto?». No, non è una parolaccia, ma una spaventosa responsabilità, e non è né facile né divertente. Non si era mai immaginata di diventare un giorno una mitragliatrice di ordini: tutti quei *fai questo, fai quello*, che entrano da un orecchio ed escono dall'altro...

Figlio mio, la settimana scorsa ero a un passo dal prendere appuntamento da un otorinolaringoiatra per farti controllare l'udito. Hai uno scolapasta al posto delle orecchie e nel nostro dialogo tra sordi ci sono buchi dappertutto. Ma non voglio perdere le speranze: so che il nostro rapporto elettrico migliorerà col tempo... e con l'età.

Giulia scende alla solita fermata, senza prestare attenzione alla bellezza delle strade che attraversa con passo frettoloso, alle case basse dalle facciate colorate nei toni dell'ocra, con i bei balconi di ferro battuto, all'arcata del giardino botanico che oltrepassa senza uno sguardo per la celebre fontana di Venere dai lunghi capelli. Ha occhi solo per il quadrante del suo orologio. Non può assolutamente arrivare in ritardo all'importantissima videoconferenza con Parigi in cui, le hanno detto, verrà trasmesso un nuovo *brief* «di primaria rilevanza». Ogni volta che la sede centrale chiama, nella loro piccola squadra soffia una ventata di panico. Conosce benissimo quel modo di mettere le persone sotto pressione, di prendere sul serio e quasi sul tragico l'arrivo di qualunque nuova richiesta del cliente.

"Eppure, non c'è proprio ragione", pensa Giulia, coi nervi a fior di pelle. Non vuole nemmeno pensarci ora, a quel vuoto dentro di sé, sul quale cerca di non soffermarsi troppo: la giostra deve andare avanti... non può permettersi il lusso di immaginare che le cose potrebbero essere diverse. Non ha le forze ora per guardare dritto dentro alla mancanza di senso che percepisce. Tutti i giorni viene a lavorare in questo posto perché deve, tutto qui. E da fuori la sua situazione può apparire gratificante, quasi invidiabile. Allora perché si sente così demotivata e disillusa quando pensa alla sua carriera? *Non è poi così male....* tenta di persuadersi. Pensieri scaccia chiodo, in quello ormai è brava.

Entra nella piccola hall di Olfatum, dove una receptionist con contratto interinale alza a malapena il naso per salutarla. Di fronte a lei un divano blu zaffiro, con cuscini giallo e argento, attende i rari visitatori. Sulla parete alcune tavole translucide presentano i prodotti di punta della maison. Giulia sistema rapidamente le sue cose nel suo ufficio bianchissimo, dai muri bianchissimi, disseminato di porta-striscette bianchissimi. Un ambiente incredibilmente essenziale, come se nessun altro senso a parte l'olfatto dovesse trovarvi spazio. Olfatum non permette che le stanze siano personalizzate e il contesto sembra più adatto a dei tecnici di laboratorio che a dei creativi; ironia della sorte, se si pensa che *fatum* in latino vuol dire «destino», e quella non era proprio la professione che aveva immaginato per sé. All'inizio, quando aveva scelto di imboccare quella strada professionale, era stato il nome a sedurla: «profumiere creatore». Creare sinfonie di profumi! Diventare una virtuosa dell'olfatto! Orchestrare l'armonia di fragranze preziose e inebrianti! Diventare un «naso». Quattro lettere che la trasportavano in un caleidoscopio di sogni. Ma ritrovarsi a lavorare su una gamma ristretta di profumi a buon mercato non era tra questi. Mai avrebbe potuto pensare che le sue creazioni olfattive sarebbero state destinate a finire sotto le ascelle!

Quando l'avevano assunta, la proposta appariva allettante: lavorare a distanza per un gruppo parigino, inserendosi in un team di lavoro a misura d'uomo, senza dover lasciare la regione. Certo, si trattava di intervenire su prodotti per la cura della persona, ma la presentazione lasciava pensare che nei progetti ci sarebbe stato spazio per l'innovazione. L'argomentazione era convincente: l'azienda aveva bisogno di ringiovanire il suo staff e smarcare i suoi prodotti dai classici bouquet fioriti di cui le clienti si erano – a quanto pare – stufate. Le vecchie profumazioni non facevano più furore: la donna moderna voleva essere invitata a un altro viaggio. *Reinventare l'esotismo*: quell'idea aveva conquistato Giulia. E nonostante il suo bel diploma dell'ISIPCA – Istituto superiore internazionale di profumeria, cosmetica e aromi alimentari – e una prima esperienza come assistente di laboratorio per un noto marchio di saponi, le opportunità di lavoro si erano fatte rare e i posti ambiti. Così Giulia si era ritrovata nel settore delle profumazioni per i prodotti destinati alla cura del corpo con l'intenzione di farci solo un breve passaggio.

Poi però l'arrivo di Arthur aveva fatto diventare il provvisorio durevole. All'epoca suo marito vedeva nel posto fisso una condizione *sine qua non* della pace domestica e lei si era prodigata in quella direzione, realizzata dalla sua vita di giovane madre e donna innamorata.

Di riffa o di raffa erano durati quattordici anni. Due cicli da sette. Poi lui aveva incontrato un'altra persona che, in poche settimane, si era portata via tutto, ragione e sentimenti. Tanti anni di vita spazzati via, evaporati come una volgare eau de toilette senza anima né nome. Da allora Giulia viveva sospesa, in pausa, senza avere il coraggio di pigiare di nuovo sul tasto start. Si sentiva bloccata dentro, come in una brutta scena di fermo immagine dove tutto è immobile. Forse era l'effetto «colpo di coltello» tipico del post-tradimento: è solo quando ci si muove che si sente il dolore, quando l'aria penetra nella ferita; così, si sta fermi. Due anni dopo l'abbandono da parte di suo marito, la ferita era ancora così viva che Giulia preferiva mantenere la posizione meno dolorosa: un'anestetica immobilità.

Senza perdere tempo, Giulia si avvia verso la sala riunioni. Nel corridoio incrocia Paul, un collaboratore precario che si occupa dell'assistenza informatica da anni. Tutti al lavoro lo chiamano Pollux, come il cane di una famosa trasmissione per bambini di un po' di anni prima. Un soprannome affettuoso, non cattivo, che gli viene un po' dai capelli di media lunghezza color biondo-paglia, un po' dalla sua gentilezza maldestra. Pollux la bacia sulle guance per salutarla. «Penetrante odore corporeo» annota mentalmente Giulia. Deformazione professionale. Allontanandosi per ristabilire la giusta distanza, lo osserva: massiccio, con mani grandi due volte le sue, occhi azzurri singolarmente trasparenti, guance cascanti che tradiscono una incipiente bolsaggine, sul finire dei quarant'anni... Giulia se ne vuole per quell'analisi impietosa e mette ancor più impegno nel rivolgersi a lui con gentilezza.

«Come va stamattina, Pollux?»

«Sempre bene quando ti vedo, Giulia! Devo fare un aggiornamento importante sul tuo PC. Posso passare verso le undici?»

«Meglio le undici e mezzo. Non credo che la riunione col marketing finirà prima.»

Lui annuisce con aria gioviale. Lei lo ringrazia e si avvia verso la sala riunioni.

Ci trova Nathalie, la sua collega valutatrice di fragranze, che la aspetta con un caffè in mano. In quel preciso momento, ecco arrivare la chiamata da Parigi; il viso della direttrice del marketing si materializza sullo schermo nero appeso alla parete. La donna si lancia senza indugio nella spiegazione del nuovo progetto. Per fortuna Giulia può contare sulla serietà di Nathalie, che annota scrupolosamente ogni dettaglio. È capace di interpretare i desideri del cliente e accompagnare Giulia in ogni tappa del suo lavoro di creazione. Una risorsa preziosa.

Non è oggi che farà la sua piccola rivoluzione olfattiva, pensa delusa Giulia scoprendo le specifiche. Conosce la linea del gruppo e il posizionamento cauto del settore dei prodotti per l'igiene. Sa che in quel tipo di progetto l'audacia avrà un posto piccolo quanto una goccia di ylang-ylang nella lista degli ingredienti.

SCENA 5

Sono solo le sette e mezzo di mattina, ma Louise Morteuil, già a pieno regime, è decisa ad attraversare a passo veloce le strade di Mont-Venus, senza farsi fermare ogni dieci metri da suo bel bassotto fulvo a pelo raso, che, invece, è di tutt'altra idea.

«Su, forza! Sbrigati!»

Louise si dice spesso che il suo bassotto deve avere dei geni di koala, perché ha un carattere dolce e tranquillo tanto quanto il suo è nervoso. Louise Morteuil tira il guinzaglio per incitare l'animale a sbrigarsi. Lui resiste a malapena, abituato com'è a fare quel che gli pare. Louise sente la mente pronta e sveglia: il risultato di un'impeccabile igiene di vita. Ha l'abitudine di usare le prime ore della mattina per riflettere sulle questioni importanti, mettere ordine nelle sue idee, prendere decisioni di peso. *Il mattino ha l'oro in bocca.* Le piace quell'adagio e si compiace di far parte di coloro che lo applicano con disciplina.

Stamattina, più che in altri giorni, l'autostrada dei suoi pensieri è trafficata. Vuole assolutamente passare all'associazione prima di andare in ufficio. Louise Morteuil può vantarsi di essere una donna multitasking: oltre al suo lavoro di redattrice a «La Dépêche du Mont», ha creato cinque anni prima un'associazione senza scopo di lucro a cui tiene moltissimo: Civilissimo. Un piccolo gruppo di volontari, impegnati come lei per difendere i valori, spesso alla deriva, della loro amata civiltà occidentale. Louise Morteuil prende molto sul serio la sua missione: a suo avviso si assiste a un deplorevole lassismo «da parte di chi ha responsabilità in ambito educativo, culturale, morale», un lento e inesorabile rilassamento che ha finito per rendere poco nitidi paletti invece assolutamente necessari: è «arrivato il momento di ristabilirli per permettere alle nuove generazione di rigare diritto!».

Il permissivismo dilagante la sconforta. *Rimettere le persone sui binari*, dare punti di riferimento: una disciplina rigida, il senso dello sforzo e del sacrificio – la vita si disegna su linee e quadrati, dice spesso.... Le piace la grande C di Civilissimo. Per lei una grande civiltà si costruisce su alcune C importanti: convinzioni, competenze, cooperazione. E soprattutto è indispensabile che ci sia un ordine, la capacità di attenersi alle regole, di restare ancorati allo spirito delle tradizioni, che sono le radici indispensabili dei popoli.

Galvanizzata dalla propria esaltazione mattutina, Louise Morteuil si lascia trascinare da Opus, che ha improvvisamente deciso di mettere il turbo. Non riesce così a evitare l'uomo con le braccia cariche di un enorme pacco che viene proprio verso di lei. La collisione li spedisce entrambi dritti a terra. L'individuo caccia un'imprecazione che ferisce le orecchie di Louise. Per coronare il tutto, Opus abbaia furiosamente.

«Shhh! Zitto tu!»

L'uomo è inginocchiato davanti al suo pacco quasi fosse un ferito grave e lo apre come se avesse paura di scoprire qualche terribile emorragia. Un facchino sentimentale, pensa Louise, infastidita. A ogni modo si sente in dovere di scusarsi per il comportamento del suo cane. Il facchino bofonchia che non fa niente. Lei sgrida Opus senza smettere di accarezzarlo.

Il tizio le lancia un'occhiata pungente, che la irrita. La donna giudica con severità il suo aspetto trasandato: capelli castani mal pettinati, ricci per giunta, il mento fiero e non rasato, la pupilla grigio-verde che si è accesa – potrebbe giurarlo – di una scintilla di ironia osservando lei e il cane.

Louise assume un'espressione chiusa e si congeda, non

senza girarsi un'ultima volta, a labbra strette, verso il negozio nel quale lo sconosciuto si è infilato. Il che? Il Bazar della zebra a pois?

Che razza di negozio è quello?

Louise storce il naso. Un concept assurdo, come se qui ce ne fosse bisogno! La municipalità dovrebbe vigilare di più sui nuovi esercizi che aprono sul territorio. Favorire i negozi utili: un alimentari, un fruttivendolo... un ferramenta, se proprio! Si ripromette di accennarne al sindaco.

Arrivata nei pressi dell'associazione, passa davanti alla scuola; sulla facciata, che porta i segni del tempo, troneggia l'iscrizione d'origine ÉCOLE PUBLIQUE SAINTE-FÉLICITÉ, sopra la quale sventola la bandiera della repubblica. Davanti al cancello, gli alunni affluiscono. Opus ha l'ardire di alzare la zampa contro uno dei pannelli del comune che costeggiano l'ingresso dell'edificio. Louise Morteuil accorre a fermarlo, ma il suo sguardo cade sul manifesto del candidato n° 3 alle prossime elezioni, che è stato vandalizzato. Un graffito, una parola-immagine, realizzato con uno stencil. A grandi caratteri neri si legge la parola «POLITI» la cui CA è stata trasformata in una sorta di coda di pesce stilizzata.

L'inchiostro è gocciolato su alcune scaglie del pesce disegnando una sorta di bava nera sulle labbra del candidato.

Louise ha già notato quei graffiti in giro per la città. Lo stile è facilmente riconoscibile, i disegni sono tutti firmati da un certo ARTh'. Come se si trattasse di opere d'arte! Quel tizio ha preso i muri di Mont-Venus per una valvola di sfogo a cielo aperto... Decisamente non c'è più rispetto, pensa afflitta.

Ecco un altro argomento di cui parlare in giornata con il sindaco. Persa nei suoi pensieri, non presta attenzione al sottile rivolo giallo che scorre lentamente sull'asfalto.

SCENA 6

Arthur cammina veloce, coi pugni ficcati nelle tasche della tuta di marca. Con una mano tasta nervosamente il ragno meccanico che ha rubato l'altro giorno al Bazar della zebra a pois. Si chiede come fare a rimetterlo al suo posto senza che il tizio se ne accorga. Deve fare le cose per bene, così la sua vecchia sarà contenta.

La scena della sera prima era stata terribile.

In generale Arthur faceva lo sbruffone, ma davanti alla furia di sua madre c'era poco da scherzare. Stava giocando tranquillamente ai videogiochi quando aveva fatto irruzione in camera sua, senza bussare. Era appena rientrata dal lavoro, coi nervi a fior di pelle, come le succedeva praticamente tutti i giorni da quando si era separata da suo padre. Senz'altro lei non se ne rendeva conto, ma lui aveva un groppo in gola a vederla sempre ridotta in quel modo, tesa come una corda di violino. Lo aveva salutato con un freddo «ciao», contrariata di trovarlo ancora una volta davanti allo schermo. Poi si era instaurato il consueto ping-pong del loro dialogo tra sordi: «E i compiti?».

«Sì, sto per farli, non ti preoccupare! Mi mancano due minuti!»

«I tuoi due minuti durano sempre due ore! Potresti almeno guardarmi in faccia mentre ti parlo!»

«Non posso, sono nel bel mezzo di una partita...»

Un'occhiata ai vestiti sporchi buttati sul pavimento o arrotolati sul letto disfatto e la sua pazienza aveva ceduto, come una diga travolta da una colata di fango. Aveva rovesciato su di lui un torrente di collera devastatrice. In quei casi, lui stringeva i denti e incassava il colpo senza battere ciglio, come un pugile sul ring. Ma dentro di lui tutto volava in mille schegge. In un estremo impeto di rabbia, sua madre aveva afferrato un mucchio di panni sporchi e gliel'aveva tirato addosso. Lo SpiderTrick doveva essere lì in mezzo ed è stato in quel momento che è caduto a terra proprio sotto i suoi occhi.

«E questo cos'è?»

Aveva cercato di afferrare il ragno meccanico, ma l'ingegnosa creatura scappava non appena sua madre si avvicinava al sensore di movimento. La scena aveva strappato ad Arthur un riso soffocato, il che aveva definitivamente fatto uscire dai gangheri sua madre.

«Dove l'hai preso? Aspetto delle spiegazioni!»

Non aveva mollato e nel corso dell'interrogatorio era riuscita a ottenere la confessione del misfatto. Il suo fiume di collera aveva lasciato il posto a una calma ancora più inquietante. Arthur leggeva nel suo sguardo tutta la sua delusione. Un lago ghiacciato di disillusione.

«Ok, ok, lo restituisco!» aveva finito per dire, cercando di darsi un tono.

«Direi proprio che ti conviene», aveva risposto lei, con voce esausta.

Era uscita senza più nemmeno guardarlo, chiudendolo in quella stanza coi suoi rimorsi.

Deluderla, alla fine, era il peggiore dei castighi. Ma la china che avrebbe dovuto salire per riguadagnare la stima di sua madre gli sembrava troppo ripida perché la missione apparisse possibile. Partiva da troppo in basso. Mai sarebbe riuscito a soddisfare le sue attese.

Arthur si avvicina al Bazar della zebra a pois. Si tira su il collo della giacca rabbrividendo, più di tristezza che di freddo. Arrivato davanti alla porta del negozio, il suo sguardo si posa per un breve istante sul cartello scritto a mano: APERTO. Inspira profondamente, come ha imparato a fare al corso di arti marziali, ed entra. Un carillon di metallo annuncia il suo ingresso. Nessuno. Strano. Meglio così, potrà rimettere a posto l'animaletto senza che se ne accorgano. Si appresta a farlo quando una voce profonda risuona alle sue spalle.

«Buongiorno.»

Sorpreso, si gira bruscamente, non senza aver prima lanciato la bestiola nel recipiente.

L'uomo è a tre passi da lui e la sua statura è più imponente di come gli fosse sembrata la prima volta.

«Vedo che ti interessi alle mie creazioni, mi fa piacere.»

«Ehm, sì, in effetti sono divertenti gli animaletti!»

Si sente improvvisamente molto stupido. Non deve stare lì, il gioco è durato abbastanza. Porta le braccia all'indietro, come per salutare una compagnia immaginaria, e fa per uscire quando una larga mano si posa sulla sua spalla.

«Penso che tu stia dimenticando qualcosa.»

«Cosa?» deglutisce Arthur.

«Delle scuse, per esempio.»

«Non capisco...»

«Capisci benissimo.»

"Perché ho l'impressione che si stia divertendo?" si chiede Arthur irritato.

«No, non capisco, mi dispiace.»

«Credo che mi prenda per un... per qualcosa che non sono.»

Arthur è interdetto. Con sua grande sorpresa, l'uomo gli tende la mano.

«Mi chiamo Basile. E tu?»

Sta cambiando argomento? È un tranello?

«Io... Arthur.»

Adesso Basile gli sorride proprio a tutti denti.

Si avvicina al recipiente degli SpiderTrick, ne prende uno e lo tende a Arthur.

«Tieni, te lo regalo.»

Arthur esita. Dove vuole andare a parare?

«Tieni, ti dico. In fondo, se ti è piaciuto questo animaletto, è un buon segno.»

Il ragazzo lo prende, chiedendosi se fa bene o meno.
«Buon segno... di cosa?»
«Dimostra che ti piacciono le trovate curiose, che sei aperto di pensiero e hai una certa fantasia...»
Arthur non capisce bene. Si era preparato a essere sgridato come un ladruncolo e invece questo tizio gli fa i complimenti!
Basile scoppia a ridere.
«Ehi, non avrai mica perso la lingua! Non c'è di che! E non credere mica che mi dimentichi che l'avevi rubato, quel ragno. Anzi, a questo proposito...»
Ah, eccoci. Arthur lo sapeva che c'era sotto qualcosa.
«...mi farai un piccolo favore, per sdebitarti, ok?»
«Dipende. Cosa?»
«Seguimi»
L'uomo sale la scala a chiocciola e sparisce nel suo ufficio-atelier. Arthur esita a seguirlo. E se fosse uno psicopatico? Potrebbe legarlo e sgozzarlo senza che nessuno lo senta nemmeno gridare. E sua madre non saprebbe mai più che fine ha fatto, come si sente in quelle orrende trasmissioni sulle indagini criminali e...
«Allora, vieni o no?» chiedi Basile dal piano di sopra.
Non ha scelta, deve andare.

41

SCENA 7

Basile, non vorrei che ci rimanessi male, ma il tuo taglio di capelli fa schifo!
Mi guardo allo specchio e tento di sistemarmi i ricci ribelli appiattendoli con dell'acqua, senza successo. Quelle ciocche insolenti fanno come gli pare. Per l'occasione ho messo una camicia bianca che fa un bel contrasto col blu scuro della giacca: quando si rilascia un'intervista, è la prima impressione quella che conta, e avere un bell'articolo sarebbe davvero importante per il negozio. Lancio una rapida occhiata all'orologio meccanico, uno dei pochi oggetti preziosi che possiedo, vestigia di un'epoca in cui il lusso non mancava. *Spicciati, Basile!* Esco dall'appartamento infilandomi con passo deciso giù per le scale. La giornalista mi ha dato appuntamento al Café de l'Espérance. Speriamo che il nome mi porti fortuna.

Quando arrivo, lei e già lì e mi accoglie con un sorriso gioviale. Il padrone e gli habitué del locale osservano la scena con interesse. Probabilmente sanno che Audrey lavora per «La Dépêche du Mont» e cercano di indovinare l'identità dell'intervistato, e magari catturare qualche briciola di conversazione per nutrire i pettegolezzi da bancone.
La giornalista mi invita a sedermi dopo una vigorosa stretta di mano; una sicurezza smentita dall'agitazione che si legge nei suoi occhi e da qualche segno di nervosismo che camuffa con una gran pletora di parole inutili. Facendo finta di niente, si premura di squadrarmi da capo a pie-

di. Subisco l'esame senza battere ciglio, e la cosa sembra piacerle.

«Sono felice di conoscerla, signor Vega.»

«Mi chiami Basile, la prego.»

«Basile», accorda lei con una smorfia graziosa. «Ho scoperto con grande interesse il Bazar della zebra a pois l'altro giorno e vorrei farle alcune domande su un concept così originale.»

Ha colto l'anima del luogo: lo sento, andrà tutto bene. Ordiniamo due caffè e ci lanciamo nel ping-pong del botta e risposta.

«Mi spieghi che tipo di oggetti vende.»

Sorrido chiedendomi da dove cominciare per farle capire che il Bazar della zebra a pois è tutto tranne che un negozio qualunque, pensato per vendere oggetti utili.

«Innanzitutto, io non sono un venditore. Sono un inventore. Le mie creazioni sono pezzi unici che non si trovano da nessun'altra parte. Mi occupo di tutto il processo, dall'idea al prototipo... Non hanno un'utilità pratica in senso stretto. L'utilità è più di altro ordine...»

«Cioè?»

Le spiego l'idea del «negozio comportamentista».

«Quello che io espongo attraverso le mie creazioni è prima di tutto una filosofia, un diverso rapporto col mondo.»

Lei prende forsennatamente appunti.

«In che senso "comportamentista"? È un termine della psicologia, no?» chiede un po' stupita.

«Comportamentista perché i miei oggetti sono lì per provocare una reazione, per portare le persone a farsi delle domande... e per stimolare la parte destra del loro cervello!»

Sento che attende ulteriori spiegazioni.

«Il nostro mondo privilegia molto il normo-pensiero. Nella parola "normo" c'è il concetto di normalità, ma anche di "norma", la necessità di pensare entro certi argini, all'interno di certe regole. Questo sistema privilegia una determinata forma di intelligenza, tutta la parte razionale, analitica, pragmatica, performativa... è il trionfo dell'emisfero sinistro. Le imprese si aspettano che si parli loro della resa degli investimenti, hanno bisogno di valutare, quantificare. Intendiamoci: non è un male, in sé! Quel che è un peccato invece, per come la vedo io, è sottostimare quella meravigliosa parte che è l'emisfero destro.»

Mi interrompo un momento e tiro fuori dalla tasca della giacca un foglio di carta piegato in quattro. Sorrido davanti al suo sguardo interrogativo e apro il foglio come un prestigiatore felice dell'effetto che produrrà il suo trucco.

«Conosce Erwin Wurm?»

Fa di no con la testa, mentre i suoi occhi restano fissi sull'incredibile immagine della celebre *Narrow House* dell'artista austriaco.

«Trovo molto affascinante quest'opera d'arte. Erwin Wurm ha realizzato una versione compressa della casa della sua infanzia, come se i muri e lo spazio fossero stati schiacciati. Sono entrato nella *Narrow House* in occasione di una mostra e mi ricordo all'epoca di essere stato "catturato" fisicamente e intellettualmente dall'impressione di esiguità. Quanto era efficace usare l'umorismo e l'assurdo per scatenare una riflessione sui limiti del nostro stile di vita e su quanto le nostre vedute siano ristrette a volte... I miei "oggetti provocatori" si inscrivono nello stesso procedimento simbolico: devono suscitare nelle persone il desiderio di "spingere i muri" della loro mente, di sognare più in grande e mettere i propri desideri in pratica!»

L'aneddoto le piace e rilancia: «Dunque, per spostare i "muri" della nostra mente lei suggerisce di sviluppare i talenti dell'emisfero destro? Cosa apporta di così particolare?».

«È l'alleato delle emozioni, dell'intuizione, della creatività: "sente", "sa". Ci connette alla nostra parte sensibile. Pensiero arborescente, esplosione dei possibili... grazie a esso le soluzioni emergono non si sa da dove; l'emisfero sinistro tenderebbe invece a irrigidirsi nella zona del già noto. *Think out of the box.* Pensare fuori dai soliti paletti.»

«C'è dunque un emisfero buono e uno cattivo?»

«No, entrambi sono più che utili e l'idea non è certo quella di contrapporli, ma...»

«...di riconciliarli?» suggerisce lei.

«Sì, esattamente.»

Senza smettere di ascoltarmi, Audrey ordina una spremuta d'arancia. Il cameriere arriva col bicchiere e glielo posa davanti. La sua bocca, colorita da un gloss rosa pesca, si richiude sulla cannuccia e aspira in un colpo metà del bicchiere. Mi sorprendo a trovare lo spettacolo più che piacevole. Inconsapevole del leggero turbamento che provoca in me, prosegue l'intervista con una disarmante serietà.

«Quindi, riassumendo, attraverso questo approccio lei vuole sostanzialmente promuovere un "modo di essere" diverso...»

«Sì, è così. Sui miei scaffali troverà per esempio una scatola luminosa con il messaggio: *Avere non è una ragion d'essere*. Certo il Bazar della zebra a pois vende dei prodotti, ma la sua essenza non è nella vendita, piuttosto è una proposta a metà strada tra l'arte e la filosofia... Mi piace un sacco l'idea che proprio nel bel mezzo della strada dei negozi ci sia un negozio controcorrente che invita a riflettere su uno dei principali mali del nostro tempo...»

«...che è?»

«L'*avere*, cara Audrey! La ruota infernale del consumo a tutti i costi! Possedere di più, sempre di più. Non ha senso! Questa ricerca affannosa nasconde il vuoto. Studi molto seri dimostrano che dal momento in cui è stato raggiunto un livello di vita dignitoso, il grado di felicità non aumenta in proporzione delle ricchezze. Non si è il trenta per cento più felici se si guadagna il trenta per cento in più!»

«Eppure tutti sognano di avere più soldi!»

«Sì, ma non è forse, in parte, per cedere al sentire generale? E poi c'è il problema dell'escalation dei desideri: appena si ottiene quel che si desiderava, ci si abitua molto presto, e già si vuole qualcos'altro.»

«Eterni insoddisfatti?»

«Sì. Potrei citarle la frase di Laozi: "Inseguite il denaro e la sicurezza, e il vostro cuore non si aprirà mai".»
La massima sembra piacerle.
«L'unico modo per smettere di avere paura è cambiare atteggiamento, allenare la propria capacità di reazione e la propria forza interiore ad affrontare, quale che sia, la situazione presente.»
«Ehi, io pensavo di intervistare un negoziante e mi trovo davanti a un saggio!»
Scoppio a ridere e mi chino in avanti per affondare il mio sguardo nei suoi grandi e meravigliati occhi azzurri.
«Non sono sempre così saggio.»
Il mio cellulare sceglie quel momento per mettersi a suonare. Borbotto interiormente. È Arthur.
Mormora, lo immagino rifugiato nel retrobottega. Ha la voce rotta. "Deve essere nel panico", penso tranquillo.

Rivedo la sua espressione di quella mattina, quando gli ho chiesto di seguirmi nello studio al piano di sopra: sembrava che stessi per sgozzarlo. Leggevo i suoi pensieri come un libro aperto, ma mi sono sforzato di nascondere il mio divertimento, che avrebbe potuto offenderlo, e non era certo quello che volevo. Quel ragazzo mi ricorda un po' l'adolescente che sono stato: orgoglioso e maldestro, audace e goffo, ardente e fragile... Nel mio studio-atelier gli ho indicato la pila di scatole di cartone che aspettavano di essere aperte. «Ah, però!» ha esclamato lui un po' contrariato per l'impegno dell'incarico.
Poi ci si è messo, senza brontolare, efficace, confermando quel che già avevo presentito: quel ragazzo ha molto di buono, in fondo. Nel giro di un'ora ha finito il suo compito. Aveva la fronte imperlata di sudore e i lineamenti rilassati dalla soddisfazione di uno sforzo coronato dai risultati. L'ho ringraziato tendendogli una banconota da dieci euro. Ho dovuto reprimere un altro sorriso davanti alla sua incredulità. «Un compito svolto bene merita una ricompensa», ho detto semplicemente. «Ma io l'ho derubata!» Sono ri-

masto impassibile. «L'unica cosa che vedo è un ragazzo che ha lavorato bene. Tieni, prendi!» Alla fine ha preso la banconota, con un'espressione di gioia che mi ha commosso. È stato in quel momento che l'idea strampalata si è fatta strada nella mia mente: e se gli avessi affidato il negozio per il tempo dell'intervista? Così non avrei dovuto chiudere per due ore che, in periodo di promozione, non è proprio il massimo. All'inizio ha rifiutato. «Non sono capace! E se entra qualcuno che vuole comprare?» L'ho rassicurato: «Te la caverai benissimo, e poi se c'è bisogno puoi chiamarmi!». La mia immediata fiducia lo ha lasciato interdetto. «Mi lascia il suo negozio così, dopo quello che le ho fatto?» Ho chiuso la discussione. «Ti do quindici euro l'ora, ti va bene?» Il suo sorriso ha chiuso l'accordo.

«Mi scusi!» mormoro a Audrey. «Solo un minuto.»
Mi allontano di qualche passo per poter parlare liberamente a Arthur, il cui flusso di parole aumenta per effetto dello stress.
«C'è un tizio... fa domande su tutto... vuole che gli spieghi ogni oggetto, come funziona... Ma io non ne so niente! Non avrebbe dovuto lasciarmi il negozio!»
Lo tranquillizzo, gli assicuro che ho fiducia nella sua capacità di trovare le risposte giuste, gli dico che a ogni modo non è così importante. Bofonchia un grazie che suona come un "vada al diavolo!". Trovo che ci sia qualcosa di bello ed emozionante nel vedere un giovane messo di fronte a una responsabilità nuova. Cinque minuti dopo, il mio apprendista stregone mi richiama di nuovo, nel panico. Tra le frasi sincopate, capisco che ha bisogno di sapere un prezzo. Glielo comunico, ma sento che è tempo di andare a raggiungerlo. La mia intenzione era di valorizzarlo, non di metterlo in difficoltà.
«Penso di doverla salutare, cara Audrey.»
«Ah?» sospira lei, vagamente delusa.
«È un'emergenza.»
Cerco nella tasca interna della giacca e tiro fuori un bi-

glietto da visita in metallo, che le tendo. Lei lo fa girare tra le dita sottili, colpita dalla sua originalità.

«Se ha la minima domanda per completare l'articolo, non esiti a contattarmi.»

Dal modo in cui infila con cura la medaglietta di acciaio inossidabile in borsa, non nutro troppi dubbi sul fatto che lo farà.

SCENA 8

Giulia fluttua per un istante, seduta di fronte al suo organo del profumiere. Quel mobile così familiare, laccato bianco, a semicerchio, espone su tre piani i flaconi delle materie prime essenziali alla creazione dei sentori. Il *brief* del cliente le svolazza sotto gli occhi da un po' senza che lei sia riuscita a concentrarcisi sopra. Per quel nuovo deodorante le chiedono di lavorare sulla persistenza della fragranza. Basta sentori volatili, delicati e leggeri! Eccola chiamata a creare una formula che regga sulle lunghe distanze. Negli ultimi anni quella richiesta le è stata ripetuta più volte, alzando sempre più l'asticella. Dalle dodici ore di freschezza di partenza hanno lavorato mesi per garantirne ventiquattro. Ora le si chiede di promettere l'impossibile: settantadue ore! Accecato da colossali sfide commerciali, il cliente non capisce che ciò che potrebbe guadagnare in efficacia lo perderebbe irrimediabilmente in sensibilità aromatica, andando verso quella che Giulia considera una grande volgarità olfattiva. Quella mancanza di comprensione la fa uscire di senno. Per fortuna Nathalie, la sua fedele collaboratrice-valutatrice, fa da intermediario con la sede di Parigi, che parteggia sempre per il cliente. Giulia non sarebbe altrettanto calma nelle negoziazioni.

Riflette sul ritmo di evaporazione delle diverse essenze a sua disposizione. Come ogni volta che si lancia nella creazione di un nuovo profumo, inizia con l'onnipresente, insostituibile, piramide olfattiva. Come interpretare in note e materie prime idee, parole, colori, suoni e sentimenti del tema?

Giulia si interroga, rilegge per l'ennesima volta il *brief.* "Cosa sento?" si chiede.

Chiude gli occhi per sentire meglio. "Niente. Ma niente non è un'opzione possibile", si ammonisce da sola.

In un lampo, le si disegna davanti agli occhi la scenata della sera prima con suo figlio. Si sente male per essersi lasciata andare in quel modo: non è certo così che le cose si risolveranno. Si sente molto in colpa, perché intuisce il suo errore: non sta forse caricando su Arthur il peso della sua personale frustrazione? Il lavoro che non la fa più vibrare, la vita sentimentale che è un buco nero, le angosce di madre convinta di non essere all'altezza del suo ruolo?

Sente il petto stringersi di nuovo. Il tempo scorre, bisogna fare qualcosa.

Quando ci si inceppa, bisogna tornare alle basi.

Un profumo è anzitutto un'architettura, si ripete come una litania. Visualizza nella mente la piramide. Nota di testa in alto, nota di cuore in mezzo, nota di fondo alla base...

Giulia comincia dalla nota di fondo, come vuole la regola. La mano sfiora i flaconi e l'istinto si mette al timone per guidare la scelta tra le fragranze pesanti e tenaci dell'organo, capaci di dare la profondità e la persistenza richiesta dalla committenza.

"E se provassi muschio di quercia, muschio e fava tonka per prima cosa?"

Non censurare – un'altra regola in materia di creazione artistica. Cominciare col sollevare critiche è il modo migliore per soffocare le idee!

Sente provenire dal suo cellulare il tintinnio di una suoneria. Un messaggio di Arthur: *Fatto. Bestia ridata. Ttt apposto.*

Giulia cerca di ignorare l'orticaria ortografica che la coglie immancabilmente ogni volta che legge i messaggi di suo figlio per concentrarsi sull'essenziale: ha fatto quel che si aspettava da lui e ha rimediato alla sua sciocchezza.

Bene! Sono contenta.

Giulia ci mette diversi secondi a scegliere l'emoticon.

Troppo sentimentale a Arthur non piacerebbe. Eppure in questo momento muore dalla voglia di mandargli la faccina gialla che manda baci a forma di cuoricini. Ma non si può! È un adolescente. Preferirebbe senz'altro qualcosa di più giocoso... Opta per l'emoticon pazzerello che fa la linguaccia con una strana smorfia insieme alla faccina severa col monocolo. Il contrasto tra i due è divertente e poi, tra lei e Arthur, allude a un *private joke*: nei momenti di distensione, Arthur la chiama spesso «capo». Del resto, lei sa di essere capace di improvvise crisi autoritarie, in netto contrasto con il suo carattere altrimenti molto dolce e accomodante.

Arriva un nuovo messaggio di Arthur. Giulia lo legge, correggendo mentalmente gli errori.

È sai cosa? O pure guadagnato dei soldi.

È troppo bello, c'è qualcosa che non quadra. Di nuovo Giulia si sente invadere dalla preoccupazione.

Cosa hai fatto?

Ho lavorato, ho guadagnato 60 euro.

Incredibile. Poi mi devi spiegare tutta la faccenda.

Decisa a sotterrare definitivamente l'ascia di guerra, tira fuori il suo asso nella manica:

Hamburger da asporto stasera?

Fico. Ci sta, ma'.

Giulia accenna il primo sorriso della giornata. Ha bisogno di quei momenti di bonaccia, sono vitali.

Sente improvvisamente il petto liberarsi di un peso. L'aria ricomincia a circolare, torna quasi respirabile, in quella piccola stanza cieca che, giorno dopo giorno, la rende sempre più claustrofobica.

Adesso può lavorare sulla nota di cuore. Le sarebbe piaciuto conferire un po' più di anima a questa creazione, ma ancora una volta bisognerà mettere da parte l'estro. Dovrà scegliere tra i sentori floreali e nessuno scarto, nessuna libertà sarà concessa: il posizionamento del gruppo è chiaro e la sua pavida strategia di marketing la incatena a una famiglia olfattiva ridotta, in cui i bouquet floreali finiscono per essere nauseanti.

Eppure, stamattina il dito di Giulia, irresistibilmente attratto, si ferma dalle parti delle aldeidi. Oserà forse introdurre quell'inedita nota animale metallica? Prende il flaconcino sovversivo, mentre un bagliore gioioso e sfrontato le attraversa lo sguardo.

SCENA 9

Dopo lo scambio di messaggi con sua madre, Arthur lancia il telefonino, che rimbalza sul letto. Non sente il bisogno di tenerlo vicino, cosa che non gli succede da tempo. Per il momento, vuole avere le mani libere, ha di meglio da fare.

Impugna con grande destrezza la lama tagliente dell'X-ACTO per finire di intagliare il suo ultimo stencil. Interamente assorbito dal suo lavoro, non si accorge subito della dolce esaltazione che si impadronisce di lui e che soffia sulle braci della sua motivazione, una motivazione nuova, inattesa, insperata... In quel momento si diffonde dentro di lui un piacere intenso, una gioia profonda che ha sperimentato di rado negli ultimi anni. Si sente pervaso da una voglia di fare bene, come non ne ha mai conosciute nella sua vita di liceale, così frustrante e disincantata.

Avere sedici anni e essere disincantato dovrebbe essere una contraddizione in termini. Eppure...

Ripensa a quell'altro fenomeno, il tipo strambo del bazar, lo strampalato di turno. Un tipo bizzarro, ma non del tutto da buttare. Anzi, forse simpa. Sì. Stra-simpa.

Quando lo aveva lasciato solo in negozio dopo avergli dato due indicazioni al volo sui principali concept e oggetti, Arthur aveva avuto un momento di scoramento.

Piantato lì in mezzo a tutti quegli oggetti strani, con una grossa responsabilità per la prima volta nella sua vita, aveva provato un istante di vertigine. Poi aveva sentito nelle vene un flusso piacevole, una sottile scarica di adrenalina. Qualcosa che somigliava all'orgoglio, alla riconoscenza...

All'inizio aveva gestito due o tre clienti facili, di quelli che non fanno domande, decidono subito e pagano con i soldi contati; poi però era arrivato un uomo vestito di nero che aveva passato in rassegna tutto il negozio. Espressione serrata, occhi stretti dalla concentrazione, mani dietro la schiena come un ispettore quando passa in rivista le truppe: sembrava mandato in missione dal governo, tanto prendeva sul serio la sua ricerca. Sulle prime, Arthur si era mostrato esitante. Va detto che l'uomo non aveva fatto nulla per facilitargli il compito e sembrava prenderci gusto nel torturare il giovane inesperto. In preda a un panico crescente, Arthur si era eclissato per telefonare a Basile, che lo aveva fatto innervosire e incoraggiato al contempo. Ah, e così riponeva in lui una fiducia cieca? Be', gli avrebbe fatto vedere, non sarebbe rimasto deluso. Quella telefonata aveva risvegliato in Arthur la sua anima da sbruffone. Non conosceva bene gli oggetti? Pazienza! Avrebbe ricamato, inventato di sana pianta se necessario, lo avrebbe tirato scemo, quel brutto ceffo. Innanzitutto, farlo parlare. Un cliente che comincia a scucirsi è mezzo guadagnato.

«È per un regalo?»

«Ehm? Sì», aveva concesso l'uomo in nero.

Arthur aveva una pista.

«Per una signora?»

L'uomo in nero aveva incrociato il suo sguardo, esitando a rispondere, poi ha annuito.

"Un'amante, di sicuro", aveva pensato Arthur.

All'uomo non piaceva nulla di quel che lui gli proponeva. Cominciava anzi a essere quasi infastidito. Arthur iniziava a temere di perdere la partita. Poi a un certo punto aveva avuto una folgorazione e si era ricordato di un oggetto ancora non esposto in negozio, che aveva visto nel magazzino tra quelli appena arrivati.

«Ah, forse ho qualcosa che può fare al caso suo... Ma è un oggetto che non mettiamo in vendita insieme agli altri... Lo riserviamo per richieste particolari e per alcuni clienti speciali...»

L'uomo in nero aveva alzato un sopracciglio in segno di curiosità. Un bagliore di speranza aveva attraversato lo sguardo di Arthur che era filato in magazzino e ne era uscito brandendo orgogliosamente la sua pensata. Un lungo gambo con in cima un fiore di vetro dal volto umano.

«Carino», aveva detto l'uomo, «ma cercavo qualcosa che non fosse solo decorativo.»

«Questo non è affatto un oggetto decorativo. Guardi...»

Arthur aveva improvvisato una presentazione, giocandosi tutte le sue carte. Aveva infilato il fiore in un vaso e acceso il sistema. L'uomo in nero si era chinato per osservare meglio i dettagli. Quando il fiore aveva aperto gli occhi e gli aveva sorriso, era quasi caduto a gambe all'aria. Poi si era chinato di nuovo, e il fiore si era chinato a sua volta, imitando il suo movimento. Lui aveva sorriso e il fiore aveva sorriso di rimando.

«Cos'è questa diavoleria?» aveva chiesto, sbalordito.

«Ehm, è un fiore da compagnia.»

«Un che?»

«Un fiore da compagnia. Ha capacità incredibili. Può capire le emozioni.»

«Cosa?»

Arthur cercava disperatamente di ricordare le parole che aveva usato Basile quando gli aveva descritto l'articolo, aprendo le scatole di cartone in magazzino. Che cosa aveva detto sul sistema di intelligenza artificiale integrato...? *Su, forza, Arthur, rifletti!*

«Sì, ecco, be'... dunque, attraverso un sistema di... di... riconoscimento facciale e lettura dell'iride, è capace di mostrarsi empatico verso chi lo guarda!»

L'uomo in nero si era grattato dietro la testa, visibilmente scosso nella sua razionalità. Arthur stesso quasi non credeva ai propri occhi mentre l'espressione del fiore si trasformava per adottare lo stesso atteggiamento di stupore del suo cliente. Quando questi si era allontanato, con suo grande stupore il fiore aveva esclamato: «Non andartene!».

Arthur aveva represso un sorriso di trionfo vedendo l'uo-

mo chinarsi di nuovo verso il fiore per chiedergli: «Perché adesso tu parli?».
Il fiore aveva annuito, graziosamente.
«Mi trovi bello?»
A quel punto il tizio aveva smesso di fingere. Arthur poteva leggere sul suo viso un infinito stupore e una sorpresa infantile. Quando aveva risposto «sì», le guance in vetro del fiore si erano tinte di rosa, con un effetto davvero scenografico.
«Lo prendo», aveva detto con tono sicuro l'uomo in nero, che aveva cambiato colore pure lui. «Quanto costa?»
Ad Arthur era balzato il cuore nel petto per l'eccitazione e il panico: quanto costava quel dannato fiore? Non ne aveva la minima idea!
«Glielo dico subito! Mi dia un attimo, arrivo subito...»
Per fortuna, era riuscito a trovare Basile per ottenere quell'informazione cruciale. Poi aveva incartato con tutta la cura di cui era capace il prezioso oggetto: non era certo un mago dei pacchetti, ma il risultato alla fine era più che presentabile. L'uomo in nero se n'era andato, molto meno nero di quando era entrato.

Arthur, indaffarato nel bailamme della sua camera-laboratorio, ripensa alla soddisfazione che ha provato e di nuovo si sente crescere le ali per continuare il lavoro. Controlla il nuovo stencil su un fondo nero, poi, con sguardo orgoglioso, lo infila in una busta di plastica trasparente. Cercando il miglior posto nel press-book, fa sfilare tutte le sue creazioni una a una, per vedere se la presentazione è d'effetto. È contento e al tempo stesso un po' preoccupato: per quanto questo possa sembrare strano, non vuole deludere la Zebra.

Quando Basile era tornato in negozio, Arthur si era goduto i suoi complimenti. Non gli capitava tutti i giorni che qualcuno lo *elogiasse* così.
«Hai un talento per il commercio, credimi» aveva detto Basile. «Non vorresti venire a lavorare un po' nel mio nego-

zio per tirare su qualche soldo? Qualche ora il sabato, per esempio?»

«In nero?»

«Ma no, un vero contratto, è meglio.»

«Non so, dovrei parlarne a mia madre.»

Poi Basile aveva tirato fuori, tra una cosa e l'altra, come se niente fosse: «Senti un po', ma non sarai mica tu, ARTh'?».

Fritto, come una frittella. Come aveva fatto a saperlo? Forse erano state le macchie di pittura sul cappotto e sulle dita a metterlo sulla buona strada? Oppure le poche frasi scambiate in cui aveva parlato del suo amore per l'arte? Che importava ormai... Quei pochi indizi gli erano bastati.

«Non sei male», gli aveva detto Basile. «Potresti migliorare anche un po' nella tecnica, non è normale che il colore sbavi.»

Quindi li aveva guardati davvero, i suoi graffiti!

«Dalla prima sera in cui ti ho visto nel Bazar della zebra a pois, quando te la sei filata col mio SpiderTrick in tasca, tutto pieno di macchie e di furore, ho fatto il collegamento e ho capito che eri tu il writer che fa andare su tutte le furie certi membri del consiglio comunale!»

Basile gli aveva perfino offerto una lattina, prendendola dal piccolo frigo di design che teneva nello studio.

Arthur se n'era andato dal Bazar della zebra a pois con sessanta euro in tasca e un fagotto di orgoglio. Basile gli aveva scucito la promessa che gli avrebbe mostrato i suoi schizzi. Un adulto si interessava a ciò che faceva? Quella era una cosa inedita.

Giulia entra nella sua camera e gli propone di venire a cenare. «Più tardi!» risponde lui senza alzare il naso. Vuole dare il massimo. Non vuole deludere la Zebra.

SCENA 10

I bassi tacchi quadrati di Louise Morteuil risuonano sul marmo del comune. Squadra la statua della Marianna e si dice che, certi giorni, la repubblica lascia a desiderare. È appena uscita dall'ufficio del sindaco e avverte una certa esasperazione di fronte a quella che lei considera una forma di immobilismo. Lui aveva ascoltato con orecchio distratto la sua lamentazione sull'escalation di atti vandalici in città, in particolare i graffiti di un certo ARTh' che si accaniva senza vergogna sui volti dei candidati alle elezioni appiccicati sui cartelli, e poi aveva detto senza troppa foga: «Lo dirò alla squadra di polizia responsabile del settore...».

Louise aveva provato il fastidio che provano i militanti quando non si presta loro un'attenzione degna delle loro lodevoli intenzioni. Incapace di fermarsi nel suo slancio rivendicativo, aveva dunque avuto la premura di allertare il signor sindaco anche sullo scarso discernimento nella cessione degli spazi commerciali in città.

«Lei sa bene, Louise, che non ho il potere di accordare o meno la locazione per l'apertura di un negozio, a meno che l'esercizio in questione non rappresenti un pericolo per la sicurezza dei nostri concittadini!»

Lei conosceva benissimo la giurisprudenza, ma la mancanza di fantasia del suo rappresentante la irritava interiormente.

«Ci potrebbero essere modi indiretti. Nulla vi impedirebbe di influenzare la vecchia proprietaria dell'alimentari, per esempio, e convincerla ad affittare a un esercizio più utile alla collettività di quel Bazar della zebra a pois, che, detto tra noi, sembra vendere solo aria fritta!»

Il sindaco a quel punto aveva alzato gli occhi dagli appunti per lanciarle il tipico sguardo torvo di chi non ha alcuna voglia che gli si spieghi come deve fare il suo mestiere. Louise si era irrigidita, ma il senso della diplomazia aveva preso il sopravvento: sapeva riconoscere i segnali che le intimavano di fermarsi e del resto era una che raramente oltrepassava i limiti. Aveva dunque aggiunto un po' di miele al suo discorso: «Era solo un suggerimento, sindaco».

«Capisco, Louise. E ne dà di molto buoni, spesso.»

Louise scende la grande scala ricoperta da un tappeto blu e fiancheggiata dall'elegante balaustra in ferro battuto con dettagli d'oro. Ingoia la delusione per l'accoglienza distratta che è stata riservata alle sue osservazioni; in fondo, da quando frequenta i politici ci ha fatto un po' l'abitudine. Per fortuna ha le sue armi da mettere in campo, avendo messo a punto delle strategie d'azione attraverso l'associazione Civilissimo, che sviluppa sotto traccia una sorta di *underground politico*, come ripete spesso con un certo orgoglio.

Si fionda alla redazione del giornale cittadino – «La Dépêche du Mont» – entrando come un'improvvisa folata di vento. È mercoledì, giorno in cui si chiude il bimensile, il menabò è già stato approvato, ma non ha ancora avuto tempo di vedere tutti i pezzi. Audrey, una dei tre giornalisti incaricati degli articoli di fondo, ha tardato anche stavolta a consegnare il suo testo, destinato a portare alla ribalta un esercizio commerciale del centro cittadino e a vantare così il dinamismo economico del comune.

«Audrey, ha preparato il suo articolo per la doppia pagina numero otto?»

«Sì, l'ho stampato.»

La giovane donna, ancora in periodo di prova, non deve credersi arrivata.

Louise entra nel cubo di vetro che le fa da ufficio, l'unico locale separato dell'intero open space, e fa scorrere i fogli lasciati in evidenza sulla tastiera del computer. Li scorre in diagonale con lo sguardo: lettura rapida, uno strumento essenziale nel suo mestiere. Fin dal titolo, avverte il ticchettio della bomba a orologeria pronta a esploderle tra le mani a due ore dalla chiusura del numero! Una doppia pagina sul Bazar della zebra a pois? Ridicolo! Sente il sangue abbandonarle le guance.

«Tutto a posto, signora Morteuil? È molto pallida» le chiede colei-che-ancora-non-sa-cosa-l'aspetta.

Louise fa segno alla donna di entrare nel cubo di vetro e le intima di chiudere la porta. Che gli altri membri della squadra non sentano le critiche rivolte a un loro collega: è uno dei principi del manager. Del resto, sa che gli altri dello staff non si perderanno una briciola di quella conversazione, leggendo il labiale attraverso il vetro come i sottotitoli di un film muto. Dal colorito improvvisamente verdastro della nuova arrivata, sapranno che ha consegnato un lavoro che non la soddisfa.

Ma la recluta, a quanto pare, non ha intenzione di farsi intimorire e inizia a giustificare focosamente la sua posizione. I boccoli biondi si agitano sulle spalle ben fatte e gli occhi azzurri lanciano lampi di indignazione. Persuasa di aver realizzato un lavoro di qualità che merita di essere pubblicato, porta argomentazioni che irritano Louise al massimo grado. *Veicolare un'immagine di modernità, incoraggiare i creativi e gli imprenditori portatori di progetti audaci, proporre un argomento diverso dal solito, capace di rilanciare l'interesse dei lettori della «Dépêche du Mont»*...

"Il suo giornale, la sua città", pensa Louise, esasperata. "Bisogna rimetterla in riga, immediatamente."

«Non l'abbiamo assunta per scrivere articoli originali, Audrey.»

Louise ha adottato un tono tagliente. Non è forse il suo ruolo di superiore gerarchico quello di far capire a quella giovane inesperta le implicazioni del mestiere e chiarirle le idee su ciò che è bene e opportuno pubblicare in un giornale cittadino?

Una volta compiuto il suo dovere e dispensata la sua lezione, Louise afferra un pennarello rosso e tira una riga vigorosa sull'articolo.

«Ecco qua: per il suo bazar mette un trafiletto piccolino di lato e ha due ore di tempo per scodellarmi qualcos'altro su un attore economico locale più pertinente.»

«Ma... non ce la farò mai, non ho abbastanza tempo!»

Sorda alle sue proteste, Louise la congeda con un gesto. Le «corse contro il tempo» fanno parte del mestiere, i rimaneggiamenti dell'ultimo minuto anche. È importante che le giovani leve capiscano le regole del gioco: lavoro, disciplina, rispetto della gerarchia.

La propensione a sentirsi liberi di esprimere il proprio parere su tutto, di ribellarsi, finisce per essere davvero insopportabile!

Soddisfatta dal modo spiccio con cui l'ha rimessa al suo posto, che ribadisce la sua autorità, Louise Morteuil fa sfilare nel suo ufficio il resto del team e si gode il piacere genuino di approvare o meno le diverse proposte.

SCENA 11

«Prova una seduta di sofrologia», aveva detto Nathalie, la sua collega valutatrice. Le aveva anche dato il biglietto da visita della sua terapeuta: «Una tipa in gamba, molto attenta».
Giulia si ricordava lo sguardo laser di Nathalie, che era piuttosto abile nell'individuare le tensioni e gli stati di fatica. Quella raccomandazione in realtà era un ordine. Giulia si era confidata con lei, a mezze parole, sui suoi dubbi, sulle sue frustrazioni professionali, sulle sue preoccupazioni per il figlio e sul deserto della sua vita sentimentale. Era diventato impossibile nascondere il suo abbattimento, tantomeno a una come Nathalie, che la conosceva da anni.

Arrivata al numero 29 della rue Émile-Pouget, Giulia si trova di fronte un bel portone di legno laccato blu, con un batacchio di ferro battuto. Sopra la porta, un'edera verde fa un bel contrasto sul bianco della pietra. L'insieme è molto invitante.
C'è quasi qualcosa di italiano, in quell'angolino. "Forse l'inizio di un viaggio", pensa lei, sorridendo. Attraversa l'androne ombroso prima di entrare nel cortile luminoso e pieno di piante. «La prima porta in fondo», aveva detto la sofrologa. Entra nella microscopica sala d'attesa, si siede, guarda l'ora, sa che è un po' in anticipo – il desiderio di cambiamento si è imposto così forte che si è trasformato in stato d'urgenza –, cerca di far passare il tempo guardando i libri disposti nella libreria. *Brodo di pollo per l'anima*. Originale. È una raccolta di piccole ricette che fanno bene al

cuore. Lo sfoglia, per ingannare l'attesa. Ecco una citazione di Gandhi:

> È l'azione, non il frutto dell'azione, che è importante. Devi fare la cosa giusta. Potrebbe non essere in tuo potere, potrebbe non essere nel tuo tempo, che ci sia alcun frutto. Ma ciò non significa che smetti di fare la cosa giusta. Potresti non sapere mai quali risultati provengono dalla tua azione. Ma se non fai nulla, non ci saranno risultati.

«Mettersi in cammino...» ecco il punto. Ma la destinazione è così vaga! Come fare a non scoraggiarsi quando ci si muove in una tale foschia? Indispettita, Giulia gira pagina e i suoi occhi si fermano su un'altra citazione.

> La felicità non dipende da una serie di circostanze, ma da una serie di comportamenti.

Si agita sulla sedia. In realtà è il suo cervello che ha iniziato a macinare. Giulia sente confusamente che la chiave dei suoi problemi non risiede tanto in un cambiamento delle condizioni esterne, ma in aggiustamenti del suo modo di porsi, di prendere le cose.... Un'altra citazione, stavolta di un venerabile maestro di meditazione, Ajahn Chah.

> Ogni vera trasformazione sarà preceduta da un momento di grande disagio. È il segno che siete sulla buona strada.

Giulia tossicchia. Quei pensieri vengono a solleticare il suo malessere. Non sa più da che parte prendere la vita perché imbocchi un'altra strada...
Ma ecco, è arrivato il suo turno: una donnina non più alta di un metro e cinquantacinque, vestita con colori pastello e con le unghie laccate di turchese, fa la sua comparsa. Giulia segue l'elfo biondo fino alla stanza e si toglie con ampi gesti la borsa e la giacca, non più tanto sicura, in quel momento, di aver voglia di confidare le sue difficoltà a quella sconosciuta. Lo sguardo penetrante posato su di lei non le lascia tuttavia molte possibilità.

Giulia allora tira fuori tutti i pensieri che la attanagliano da settimane: la terapeuta la ascolta senza battere ciglio e senza mai abbandonare il suo sorriso incerto, un *sorriso sfumato* pensa l'italiana che è in lei, dai contorni indecifrabili: impossibile indovinare quel che la sofrologa sta pensando del suo caso.

Quella giovane donna dall'aspetto di una bambolina la invita a stendersi sull'accogliente chaise longue che troneggia in mezzo alla stanza; appena ci si sdraia, Giulia sente un enorme desiderio di riposarsi. Chiude gli occhi, mentre la terapeuta la esorta a fare due profonde inspirazioni. Giulia si rilassa: per essere una principiante in fatto di sofrologia, non se la cava male. L'altra prende il suo ruolo molto sul serio e mentre parla la sua voce acquisisce un tono ancora più dolce. Ora le chiede di visualizzare una luce bianca.

«Guardi come questo alone luminoso la avvolge, la conforta. Ora visualizzi questa luce che entra dentro di lei e propaga nel suo corpo la sua azione benefica...»

Giulia si irrigidisce. Aggrotta le sopracciglia per concentrarsi. Vorrebbe compiacere la terapeuta, che si impegna così tanto, ma fatica a visualizzare quella dannata luce bianca e non c'è proprio nulla che penetri dentro di lei, pacificandola... Una malefica vocina interiore comincia a sussurrarle che non è fatta per quel genere di pratica.

«Si lasci andare», le consiglia calma la terapeuta, percependo la sua agitazione. «Adesso facciamo una visualizzazione positiva e vedrà che poi sarà completamente rilassata... Le chiedo di ricordare un momento particolarmente piacevole, in cui si è sentita in uno stato di calma, di totale serenità, magari in riva al mare, o davanti a un bel paesaggio...»

Giulia si concentra per cercare di ricordare uno di quei momenti. Sicuramente ce ne sono a tonnellate, eppure, nonostante cerchi, quel che affiora alla soglia della sua coscienza resta disperatamente lontano.

«Ha trovato il suo ricordo, Giulia?»

«Ehm, sì... sono in riva al mare... in una piccola baia», inventa lei.

«Perfetto. Allora adesso renda ancora più presenti a sé stessa quel mare calmo, quel piccolo angolo di paradiso nascosto in una caletta selvaggia, quel paesaggio da sogno. Lo vede?»

«Sì!» mente Giulia, che non riesce a far risalire altro che una specie di blob di paesaggio.

«Perfetto. Mantenga il contatto con quella meravigliosa caletta.»

La sofrologa-elfo le fa descrivere con la massima precisione possibile tutti i dettagli di quella scena in termini sensoriali: ciò che vede, ciò che respira, ciò che sente. Giulia attinge a vaghe, pallide, reminiscenze, e inventa il resto. La terapeuta riprende le sue parole per proseguire la visualizzazione guidata.

«Distesa sul suo stuoino, si sente completamente rilassata ed è attenta a ogni sua sensazione: il contatto coi ciottoli attraverso la paglia, il dolce rumore della risacca, il bouquet dei profumi, una miscela di spuma di mare e pino marittimo... Mi segue, Giulia?»

Le mani di Giulia si contraggono impercettibilmente sui braccioli. La scena di per sé sarebbe piacevole, ma qualcosa le impedisce di montare davvero la scenografia... Peccato. In questo viaggio sensoriale a cui la terapeuta l'ha invitata, lei è rimasta a terra. Non osa dire che ha difficoltà a visualizzare, a percepire le sensazioni. Si sente così frustrata nel non riuscirci, e ha la sgradevole sensazione di perdersi il beneficio della seduta. Sente un groppo in gola. È assurdo: per un istante si sente perfino pizzicare gli occhi. Non è nella caletta, non è mai stata nella caletta, il film lo hanno fatto senza di lei, lo schermo è rimasto bianco. Già si immagina mentre racconta il suo fallimento a Nathalie... Una mano si posa sulla sua spalla, un sorriso calmo si china sul suo segreto sconforto.

«La seduta è finita, Giulia. Come si sente?» le chiede la sofrologa con serenità apollinea, senza il minimo dubbio circa la risposta.

Giulia non ha il cuore di smentirla. Lei è senz'altro un

soggetto complicato: come giustificare sennò il fatto che la seduta l'abbia più innervosita che altro? Perché non è riuscita a «partire»? Pare che ce la facciano tutti! I giornali sono pieni di testimonianze di gente che afferma di essere più felice e rilassata dopo aver scoperto la sofrologia.

Cosa le è mancato?

SCENA 12

Un Basile felice vale doppio! Arrivo al Bazar della zebra a pois pieno di foga, elettrizzato all'idea della consegna che mi aspetta. Apro ai fattorini e li invito a depositare i cartoni. Che gioia scoprire le novità! Potrò finalmente lanciare la mia serie di oggetti da meditazione.

Una volta rimasto solo, accarezzo i preziosi pacchetti, in cui sono materializzati due anni di lavoro, tra concezione, ricerche in intelligenza artificiale, procedure per trovare i finanziamenti dei prototipi e infine realizzazione di questa serie di pezzi unici, a metà strada tra opere d'arte e creazioni artigianali...

Nonostante io sia impaziente di iniziare a esporli, decido di farmi un caffè prima di cominciare a spacchettare tutto: in fondo la sveglia è suonata davvero presto e bisogna scacciare gli ultimi rimasugli di fatica. Mi accomodo sulla mia singolare poltrona vintage, scovata in un mercatino delle pulci, come tutti gli oggetti che ho utilizzato per arredare «come una casa» l'angolo del bazar.

La poltrona è generosa, con uno schienale imbottito e alto come quello di un trono, il contorno lavorato e i motivi geometrici rossi e bianchi del tessuto, a contrasto; un tavolino in rovere chiaro invita alla semplicità; uno sgabello di finta pelliccia azzurra dai piedini in ferro battuto, un abat-jour ereditato dalla mia bisnonna, uno specchio a forma di sole coi raggi di vimini, un barattolo di *cookies* freschi a disposizione della clientela, tazze spaiate e un termos sempre pieno completano il tutto.

Più che un negozio, fin dall'inizio ho sognato un luogo da vivere.

Appoggio la tazza fumante e inizio ad aprire la posta. Dopo qualche bolletta, arrivo a una busta di carta marroncina col simbolo del comune. Credo di sapere di cosa si tratti. La apro precipitosamente e ne tiro fuori «La Dépêche du Mont». Sulla copertina, un Post-it rosa fluorescente firmato da Audrey: *Grazie per la nostra conversazione. Mi dispiace...* "Dispiace?" Sfoglio il giornale con un fondo di preoccupazione alla ricerca della doppia pagina che dovrebbe essermi dedicata. Niente. Riprendo il giornale pagina per pagina, lentamente, per essere sicuro di non aver saltato l'articolo. Capito su una bella doppia pagina che elogia il dinamismo economico locale grazie a imprenditori di talento: c'è la foto di un apicoltore sorridente che ha lanciato una linea di miele alla rosa; poi un ristoratore, felice per il recentissimo lancio della sua marca di hamburger vegetariani, infine una giovane donna raggiante davanti ai suoi gioielli-fialette di filtri d'amore. Ma sul serio? A ognuno è dedicata una colonna piena di lodi, e a me solo due righe, perse in mezzo a tutto il resto, che annunciano l'apertura del Bazar della zebra a pois senza nulla dire del concept del luogo, fatta eccezione per questo patetico commento: «Oggetti originali per bambini piccoli e grandi». Ah, di certo questo porterà le folle nel mio negozio!

Estremamente deluso, mi alzo e inizio a camminare avanti e indietro nel locale, chiedendomi cosa possa essere mai successo. Ripenso al buon contatto con la giornalista, alla nostra ricca e lunga conversazione, al materiale su cui lavorare che le ho fornito. Per arrivare a questo? Non capisco e decido che voglio vederci chiaro. Sto per chiamarla, ma il telefono mi precede e si mette a suonare.

È la banca. Con voce funerea, mi annunciano uno scoperto sul conto che non può durare oltre e mi invitano a prendere il prima possibile appuntamento per discutere la mia situazione. Borbotto delle scuse senza convinzione e fissiamo un appuntamento per il giorno seguente.

Il buonumore del mattino ha già perso dieci punti e devo chiamare Audrey per capire questa faccenda dell'articolo troncato. Ma il telefono si mette a suonare di nuovo. Numero nascosto... esito a rispondere. Scocciatori, promotori, sondaggisti? Apro le danze col valzer degli scocciatori?

Rispondo con un «pronto» seccato e una voce di donna dal timbro profondo si presenta come la madre di un certo Arthur.

«Credo che lei abbia sbagliato numero, signora.»

Mi appresto a mettere giù, ma lei insiste. Quando mi parla di suo figlio Arth' le cose si chiariscono improvvisamente. L'immagine di quella testa calda mi si disegna in mente e mi intenerisco. Nonostante ciò, il mio tempo di reazione sembra aver raffreddato l'interlocutrice, che ora mi parla con un tono secco.

«Pare che lei gli abbia proposto di lavorare nel suo negozio mezza giornata tutti i sabati. Capirà bene che non posso accettare senza sapere qualcosa di più su di lei e sul compito che gli sta affidando! Ci tengo a essere informata sulle frequentazioni di mio figlio... e poi bisognerà pensare a un contratto di lavoro, un vero contratto», ripete con enfasi.

In condizioni normali le risponderei affabilmente, ma è capitata davvero nel momento sbagliato: una mamma chioccia e maldisposta è l'ultima cosa di cui ho voglia in questo momento.

«Ascolti, in questo momento non ho tempo, purtroppo. Perché non passa in negozio per farsi un'idea in prima persona?»

La mia proposta non lascia molte possibilità di replica. È un prendere o lasciare.

«Va bene, passerò in negozio», mi risponde con tono deciso. «Arrivederci.»

Secco. Secco. Secco. Guardo con rancore lo schermo del cellulare. Ha deciso che oggi mi serve solo scocciature?

Alla fine, riesco a telefonare a Audrey, che si profonde in scuse e mi prega insistentemente di lasciarla spiegare. «Davanti a un bicchiere?» propone. La rabbia sbollisce. La convivialità ha sacre virtù. Ci accordiamo perché lei passi a prendermi al negozio quella sera stessa, al momento della chiusura: la prospettiva mi mette improvvisamente di buon umore ed è con il morale più leggero che mi accingo a scartare i pacchi dei nuovi arrivi.

Apro il primo cartone e con emozione estraggo il prezioso oggetto da un sarcofago in polistirolo e pluriball. Lo tengo tra le braccia con la tenerezza di un padre che accoglie il suo nuovo nato e lo poso sul tavolo. Arretro di qualche passo per ammirarlo alla luce. Bellissimo. E non è ancora acceso! Con mano tremante faccio i collegamenti e quasi mi commuovo: ho sotto gli occhi la riproduzione fedele di quel che avevo immaginato. Anzi, la realtà supera le mie aspettative! Ho spinto la mia perversione fino a curare nel dettaglio anche il packaging, uno scrigno prezioso destinato e un oggetto unico nel suo genere. Guardo con orgoglio il logo della mia nuova linea: Carpe DIYem™. Oggetto da meditazione. Interamente personalizzabile grazie al valore aggiunto del «Do It Yourself». Sono ansioso di vedere che effetto farà sui miei primi clienti...

SCENA 13

Giulia esce da una giornata in laboratorio che l'ha lasciata sfinita. È in alto mare con la formula e Nathalie, la valutatrice, l'ha messa in guardia molto chiaramente sui rischi che corre introducendo una nota metallica nella composizione del prossimo deodorante femminile: «Non l'accetteranno mai...». Giulia ha passato un'ora nella sala relax, con il morale a terra e la sensazione di essere improduttiva e disorientata. Pollux – del supporto informatico – le ha tenuto compagnia un momento, senza smettere di ripeterle quanto lei fosse un naso talentuoso. Esagera un po', ma in una giornata come quella il suo modo di preoccuparsi per lei fa piacere. Le persone che prestano davvero attenzione agli altri non sono così tante.

Giulia è di nuovo sull'autobus, quello solito del ritorno, ma stasera con una fermata supplementare: ha deciso di passare al Bazar della zebra a pois prima di tornare a casa. Il contatto telefonico con il proprietario del negozio non le ha fatto una grande impressione. *In che pasticcio si è cacciato di nuovo Arthur?* Sospira, temendo il peggio. Il rollio dell'autobus la sprofonda nella sonnolenza. Decide di resistere e tira fuori il suo nuovo quaderno per scribacchiare qualche idea. La seduta di sofrologia, nonostante l'apparente fallimento, è stata più positiva di quanto non sia sembrato di primo acchito. Quanto meno ha provocato in lei un piccolo scatto: ha preso coscienza di essere arrivata a un punto di non ritorno. La sua vita sembra bloccata e quella sensazione di ristagno le fa orrore. La sua vita le sembra una pozzanghera fangosa e inerte, ormai lontana e dimenticata dal grande fiume... Stranamente, le immagini negative le vengono molto più facili di quelle positive.

Giulia si dice che la cosa più importante è *mettersi in cammino*, anche se non sa ancora per dove. Smuovere le sabbie mobili dell'inerzia, quello è già un grande passo. «Solo chi cerca ha la possibilità di trovare», si ripete a nastro, come per darsi la forza di andare avanti: perché andare avanti nella nebbia non è facile. Accettare l'idea del vago come un male necessario è spiacevole. Giulia si ricorda, durante gli anni di studio, di corsi di creatività molto interessanti che l'hanno iniziata al concetto di *serendipità*: la capacità, l'attitudine a cogliere l'utilità di una scoperta inattesa, casuale, non prevista. Mettersi alla ricerca, trovare altro da quel che si cercava all'inizio e trarne, nonostante questo, un beneficio, dei vantaggi. È Cristoforo Colombo che scopre l'America cercando le Indie, una colla sbagliata da cui vengono fuori i Post-it, la penicillina scoperta per caso da Fleming.

Giulia pensa che il concetto di serendipità potrebbe essere utilmente applicato al suo progetto di trasformazione personale.

Ma come diventare un bravo adepto della serendipità?

Preparando la propria mente alle associazioni inattese, alle soluzioni sorprendenti. Sapendole riconoscere, imparando a intuire il potenziale, a individuare il seme raro da cui può nascere una nuova pianta, l'indizio di un sentiero da saggiare.

Il cercatore coltiva un atteggiamento di curiosità e resta sempre all'erta, in uno stato di grande ricettività, con la mente in qualche modo agganciata all'oggetto della ricerca, che deve rimanere sempre lì, presente, nel retropensiero.

Tenendo il quaderno sulle ginocchia, Giulia si mette a scarabocchiare e lascia scorrere liberamente la mano. *Mantenere la mente aperta all'improbabile. Ciò che non ci si aspetta. La terza via.*

Si lascia andare alla scrittura automatica: tutto ciò che ingombra il suo animo in quel momento si trova disteso sul foglio e lei dipana il filo dei suoi pensieri senza cercare alcuna logica. Il lavoro di creatrice di profumi per deodoranti non la appaga. Perché? A pensarci bene, si dice, le piacerebbe avere un impatto maggiore sulla vita delle persone: aiutarle ad avere un odore gradevole è un'opera meritoria, ma non basta a realizzare le sue aspirazioni più profonde. Vorrebbe forse evolvere e fare carriera nel settore? Tentare la scalata in una marca prestigiosa della profumeria di lusso? Battersi per entrare a far parte dell'Olimpo dei nasi prestigiosi? Si ascolta per vedere se quell'idea risuona in qualche modo dentro di lei... A quanto pare no. Ripensa di nuovo alla sua seduta dall'elfo-sofrologo, tenta di capire meglio la sua frustrazione nel non essere riuscita a realizzare il «viaggio sensoriale e della memoria» e aver «mancato» un'occasione di benessere. Che peccato! Pensa ai profumi e al loro intenso potere. Perché limitarli a un ruolo così riduttivo di copri-odori?

Giulia è immersa in queste riflessioni quando l'autobus arriva alla fermata di Ambroise. Persa nelle sue fantasticherie, ha pure rischiato di saltarla e si precipita giù, con il cappotto infilato solo per una manica, il quaderno in mano, la penna tra i denti e la borsa a tracolla mezza aperta. Per la serenità, sarà un'altra volta.

Approfitta dei duecento metri che la separano dal negozio per rimettersi un po' in ordine e cammina di buon passo nella via principale, dove i negozi si stanno preparando alla chiusura. Il crepuscolo è dolce e lei annusa con delizia le particelle di primavera che fluttuano nell'aria.

Quando arriva, si ferma un po' a osservare la vetrina, che la lascia perplessa: tre teschi, non realistici ma completamente trasfigurati, non tristi ma stranamente gioiosi, ognuno decorato in modo singolare, campeggiano in bella vista. Spinge la porta e si ritrova all'interno del Bazar della zebra a pois. Non c'è nessuno e per qualche secondo resta in attesa. L'atmosfera sembra carezzevole, accogliente. Non ha mai visto un luogo simile. Le tornano in mente i pregiudizi con sui si è recata in quel posto: non sa più cosa farsene, perché le sue sensazioni li smentiscono. Il negozio istintivamente le piace. Il suo sguardo curioso vaga per la stanza, si posa qua e là, non sapendo dove fermarsi per appagare la sua sete d'esplorazione. Prima di vedere gli oggetti, Giulia è conquistata dalla ricchezza di forme, di colori, dalla diversità delle proporzioni, dalla cura del dettaglio, perfino nell'angolo avvolgente e confortevole in cui intravvede un termos e dei *cookies*. Che accoglienza! E soprattutto che contrasto con il tono dello scambio telefonico di quella mattina con il proprietario!

«C'è qualcuno?» azzarda.

Avanza verso il tavolino dove sono esposti i teschi che ha visto in vetrina. La scritta alla base cattura la sua attenzione: *Non dimenticarti che sei vivo*. Giulia si chiede se sa ancora cosa significhi «sentirsi viva». Certo, tecnicamente, lei è viva. Ma è come se la spina della sua voglia di vivere fosse stata staccata. Non riesce più a «connettersi». Manda un sospiro un po' triste e prende il dépliant che spiega ai clienti il concept dell'oggetto.

Carpe DIYem.
I teschi della linea Carpe DIYem traggono ispirazione dal genere della *vanitas*, onnipresente nella storia dell'arte, per ricordare agli esseri umani la loro condizione di mortali. La vocazione di questa serie in edizione limitata prende però in contropiede la *veritas* ansiogena e moralizzatrice dell'antichità e propone di concentrarsi su un *carpe diem* gioioso e illuminato, per imparare nuovamente a godere dell'istante presente e amare la vita in tutte le sue forme.
DIY, Do It Yourself: siete voi a personalizzare integralmente il vostro oggetto da meditazione, che diventa la VOSTRA opera d'arte dal valore altamente simbolico.
Il vostro teschio Carpe DIYem è luminescente, e la sua superficie è concepita come una vetrata di cui potete modellare la struttura a vostro piacimento, a seconda dell'ispirazione: tutte

le parti colorate in simil-vetro sono removibili. Come nell'arte del mandala, seguite la vostra ispirazione in modo che forme e colori sprigionino l'energia di cui avete bisogno.

"Dev'essere divertente", pensa Giulia. "Ma sinceramente chi ha tempo per questo genere di cose?" Non che non le piaccia l'idea, certo, ma c'è sempre «qualcosa di più importante da fare»! Giulia alza un attimo lo sguardo dal flyer e si chiede quand'è stata l'ultima volta che si è concessa un momento libero per dedicarsi a un'attività senza un scopo evidente e immediato: un momento per ricentrarsi su di sé, lasciar fluttuare le riflessioni, i pensieri, le sensazioni... per nutrire la sua parte poetica, artistica, sensibile, la parte viva insomma!

Scorge una piccola cavità alla base del cranio, con una superficie riflettente che somiglia a un sensore.

La brochure spiega:

Eco-del-cuore: posate il vostro dito indice sul punto indicato. Il sistema capta il vostro ritmo cardiaco e lo diffonde in versione stereo attraverso l'altoparlante integrato. L'obiettivo è ricollegarvi a un'emozione primaria: essere vivi!

Questo la fa pensare a un documentario che ha visto, in TV, sul canale Arte... come si chiamava già quell'artista...? Ah, sì! Boltanski! L'opera *Gli archivi del cuore* l'aveva segnata. Era un'installazione in un corridoio buio, in fondo al quale si poteva vedere una semplice lampadina, sospesa al soffitto da un filo, che si illuminava e si spegneva al ritmo dei battiti cardiaci registrati dall'artista. La vita è appesa a un filo? aveva pensato vedendo quelle immagini. «Vita, morte, vita, morte» sembrava dire quella luce intermittente, quasi a ricordare la fugacità dell'esistenza. Una sorta di *vanitas* per l'appunto.

Ma l'opera che aveva sotto gli occhi, per quanto ispirata alla *vanitas*, sembrava avere un'intenzione diversa: cercava di connettere le persone alla vita, più che farle riflettere sulla loro finitudine. Si capiva che l'impostazione era radicalmente positiva. Il dépliant spiegava come servirsi di Carpe DIYem per armonizzare tra loro cuore e mente.

Il cuore comunica direttamente con il cervello. Se calmate il battito del cuore, calmate la mente. E basta respirare per armonizzare entrambi! 555: 5 inspirazioni, 5 espirazioni, per 5 minuti. Il ritmo cardiaco rallenta e tranquillizza direttamente il sistema nervoso.

Giulia non resiste al desiderio di provare e appoggia il dito sul sensore, che si illumina immediatamente. Una luce rossa irradia la punta del suo indice: sorpresa, sobbalza mentre l'altoparlante comincia a diffondere i battiti del suo cuore. Immediatamente lo stupore le disegna un sorriso sulle labbra.

«Le piace?»

Si gira con un gridolino e si ritrova naso contro naso con un tizio strano dagli occhi enormi e la cui fronte emana una luce violenta!

«Mi scusi, le ho fatto paura!»

Quando si riprende, Giulia si accorge che il tizio indossa una torcia frontale e degli occhiali ingrandenti: l'uomo li toglie con un gesto veloce, scoprendo il suo vero volto. Non si aspettava quelle deliziose fossette e quegli occhi ridenti!

«Posso aiutarla?»

«No... ehm, sì. Sono la mamma di Arthur.»

Lui fa una pausa, il tempo di fare il collegamento con quella telefonata piuttosto secca del mattino. Le tende la mano. I due prendono la scossa.

«Mi spiace, è elettricità statica. Prego, si accomodi.»

«Ma no, si figuri, non mi fermo a lungo.»

«Ah.»

«Dunque, vorrebbe far lavorare mio figlio il sabato?»

«In effetti. In seguito al piccolo incidente che sappiamo...»

Giulia si profonde in scuse.

«Ormai è acqua passata. In seguito a quell'incidente, dicevo, ho avuto l'occasione di vederlo all'opera e trovo che abbia delle qualità, sia in ambito creativo che commerciale.»

«È sicuro che stiamo parlando dello stesso Arthur?»
Basile le rivolge un sorriso indulgente, come se lei appartenesse a una strana specie coi paraocchi, incapace di vedere i talenti nascosti presso rari esemplari del genere umano. La cosa le provoca una strana sensazione di contrarietà. Non sa perché, ma la infastidisce che quell'uomo possa giudicarla in quel modo.

«Sì, proprio di lui. Ma abbiamo bisogno di lei poter dare avvio al progetto.»

Giulia indossa nuovamente la sua maschera di madre protettiva.

«Ah, sì? Che tipo di incarico pensa di affidargli in negozio?»

«Niente di complicato, all'inizio. Non le nascondo che ho bisogno di una mano per il lavoro ordinario: ricezione della merce ed esposizione in negozio... Ma non sarebbe solo questo...»

«Cos'altro?»

«Ha un potenziale che mi interessa. Vorrei, se lei è d'accordo, coinvolgerlo di più nel bazar mettendolo piano piano a contatto coi clienti; soprattutto mi piacerebbe farlo collaborare alle mie ricerche sui nuovi prodotti: sento in lui un talento creativo e artistico che non chiede altro che di esprimersi.»

A poco a poco Giulia si rassicura. Ma non ha ancora finito il suo interrogatorio.

«E gli farà un vero contratto di lavoro?»

«Certo che sì.»

Giulia sente le sue resistenze sciogliersi: l'uomo sembra sincero.

Fissa per un istante gli occhi verde acqua di quel curioso personaggio e per qualche secondo i due si guardano in silenzio. Lui non batte ciglio, la lascia fare, come se sapesse ciò che quella madre ansiosa è venuta a cercare: rassicurazione circa la sua serietà e affidabilità.

L'esame ha esito positivo. Finalmente si sorridono, l'affare è fatto.

Giulia non ha altro da aggiungere, è tempo di andare. Lo ringrazia per l'opportunità che offre a suo figlio e lui l'accompagna alla porta. In quel preciso momento entra una giovane donna. I tre si scrutano; la neo arrivata cerca di decodificare la situazione. Basile, con una mano sulla schiena di Giulia, legge nel suo sguardo un lampo di incomprensione. Rossetto sulle labbra, sguardo luminoso, gonna corta e tacchi alti: non c'è dubbio, un appuntamento galante. Giulia non vuole disturbare oltre e si congeda. Passando davanti alla vetrina lancia un ultimo colpo d'occhio all'interno e intravvede Basile baciare la mano alla ragazza: un gesto antico che, senza che ne sappia il motivo, le pare di colpo deliziosamente contemporaneo. Si allontana accelerando il passo.

SCENA 14

Arthur esce da scuola di cattivo umore: ha passato una giornata pessima all'interno di quelle mura. La coordinatrice lo ha di nuovo «ribaltato», davanti a tutti, umiliandolo con parole che lo hanno ferito. Il tutto per due esercizi dimenticati! Non si è nemmeno accorta dello sforzo che lui ha fatto per rimettersi al lavoro da una settimana a questa parte. È sempre la stessa storia: quel che fa non è mai abbastanza.

Eppure aveva iniziato la settimana pieno di buone intenzioni, gasato dal suo passaggio al Bazar della zebra a pois. Oltre all'orgoglio per i soldi guadagnati con un lavoro onesto, aveva avuto l'occasione di mostrare a Basile il suo book di writer. Aveva vissuto con ansia quel momento perché, anche se non lo avrebbe mai ammesso sapeva di essere molto vulnerabile, sotto la sua corazza, ipersensibile alla critica.

Arthur aveva apprezzato il modo in cui Basile lo aveva messo a proprio agio: sembrava capire spontaneamente quanto fosse difficile mettersi a nudo mostrando le proprie creazioni e aveva agito nel modo migliore, senza mortificarlo, ma senza nemmeno esagerare. Ad Arthur davano fastidio le persone che grondavano gentilezza: non sopportava l'idea che lo si volesse aiutare per compassione alla luce dei suoi insuccessi scolastici. Poteva anche essere uno zero a scuola, ma aveva la sua dignità. Per fortuna Basile aveva mantenuto una certa sobrietà, pur concedendogli, senza fronzoli, un momento di vera attenzione; a pensarci bene, un momento come Arthur non ne aveva avuti nemmeno da suo padre. Il proprietario della Zebra si era mostrato molto incoraggiante circa il suo potenziale artistico; la sensazione era stata quella di una boccata d'ossigeno a cento metri di profondità o di una corda gettata quando ne hai bisogno per passare dall'altra parte del muro. Basile gli aveva anche suggerito qualche trucchetto per evitare che il colore colasse al momento dello spruzzo e lo aveva incitato a pensare meglio alla formulazione dei messaggi per essere ancora più incisivo. Per una volta aveva avuto voglia di ascoltarlo, quell'adulto, e incredibilmente il suo smartphone era rimasto nello zaino per tutto il tempo del loro incontro.

Oggi è tutta un'altra cosa. La rabbia ha ripreso il suo posto, insieme allo scoraggiamento. Non uscirà mai dalla sua situazione: i prof gli tengono la testa sott'acqua, come in quei film in cui i tizi muoiono annegati, con il viso deformato dall'asfissia. Già. La sua situazione non ha nulla da invidiare ai film di Brian de Palma. Nessuno gli darà una possibilità; l'etichetta ha aderito così bene alla pelle che ormai è penetrata nella carne.

Con la gola stretta dal senso di ingiustizia, Arthur dà un calcio alla lattina di Coca-Cola che ha appena bevuto e buttato per terra con negligenza.

Tira su il cappuccio della felpa e attraversa la strada affondando rabbiosamente le mani nelle tasche. Quando entra in casa, la madre non c'è. Lancia lo zaino in un angolo del salone e si chiude in camera sbattendo la porta. Butta giù con un gesto i vestiti ammonticchiati sul letto e si sdraia per lungo sul materasso. Con gli occhi puntati al soffitto, macina pensieri.

La voglia di essere *bad* gli scorre di nuovo nelle vene, si impossessa di lui come un istituto primordiale. Apre e chiude i pugni nervosamente. Deve sfogarsi in qualche modo. Si sente impotente di fronte al sistema, ha l'impressione che un nodo scorsoio gli si stringa intorno al collo. Gli sembra di essere in un vicolo cieco senza scappatoie. Per ritrovare la sua voce ha un solo mezzo a disposizione: l'arte della strada.

Mosso da uno slancio insopprimibile, salta fuori dal letto e afferra lo zainetto col suo materiale.

Arth' sa già dove realizzare il disegno. Secondo le sue indagini, l'impasse du Rucher si presta perfettamente alla sua nuova creazione. Non è molto lontano da casa, ci arriverà in un attimo.

È consapevole dei rischi dell'operazione – non è ancora buio – ma deve agire. Nella stradina, trova facilmente il punto che aveva individuato: la breccia aperta nel muro pitturato di bianco che lascia intravedere, al di sotto, dei mattoni rossi. La forma della spaccatura ricorda il corpo di un topo in piedi sulle zampe posteriori, con il musetto teso verso il cielo. Ad Arthur resta solo da aggiungere con la pittura una lunga coda, delle orecchiuzze rotonde, la punta del muso e qualche linea per i baffi. Già lo sa: i pochi dettagli neri risalteranno benissimo sul muro candido e basteranno a far comparire il roditore ribelle dritto sulle zampe.

Lavora rapido, guardandosi costantemente intorno: nessuno all'orizzonte.

Tira fuori lo stancil. Adora la sagoma che ha ideato e avverte un vero e proprio giubilo nel momento in cui la applica. Sta per iniziare quando qualcuno imbocca la stradina. *Merda.*

Arth' si ferma di colpo e cerca di nascondere la bomboletta dietro la schiena. Una donna gli passa vicino e i loro sguardi si incrociano brevemente. Lei si tira dietro un cagnolino che vorrebbe far camminare più svelto, ma l'animale non ci sente da quell'orecchio e sembra deciso a fare conoscenza. Sarà un estimatore della street art? Si avvicina per annusarlo e sembra apprezzarlo, anzi salta a zampe pari sul ginocchio che Arthur ha appoggiato a terra per offrirgli i suoi omaggi canini; nella foga rovescia il ragazzo, che si sbilancia lasciando cadere stencil e bomboletta.

«Ehi, sei simpatico tu!» non può impedirsi di dire, accarezzando l'animale.

La padrona, invece, sembra decisamente meno affabile.

Il naso appuntito come quello di un topo ne accentua l'aspetto arcigno. Tira il guinzaglio con forza e strattona via il cane. Arthur prova una punta di simpatia per quel suo compare col guinzaglio, prigioniero anche lui. La donna-topo gli lancia uno sguardo carico di disapprovazione cui lui quasi non presta attenzione tanto è abituato a suscitare quel genere di reazione.

Nondimeno, ora è in stato di allerta: deve fare veloce. Appena la passante scompare dietro l'angolo, Arthur posiziona di nuovo lo stencil e conclude il lavoro.

Ficca velocemente i suoi strumenti nello zaino per squagliarsela in fretta e dà un ultimo sguardo alla sua creazione, dove le parole brillano del bagliore tutto particolare della pittura ancora umida.

ABBIAMO TUTTI IL DIRITTO DI SCAVARE LA NOSTRA TANA.

Soddisfatto, si appresta a girare l'angolo della strada.

"È fatta!" pensa.

All'improvviso, una mano lo afferra per la spalla.

SCENA 15

Giulia era appena entrata in casa quanto ha ricevuto il messaggio.

Ora, ogni volta che chiude gli occhi lo rivede lì, come un punto nero sulla lavagna bianca della sua memoria.

Mamma, vieni a prendermi, sono al commissariato.

Ha afferrato la borsa con gesto automatico, si è buttata il cappotto sulle spalle e si è lanciata in una corsa attraverso le strade per arrivare il prima possibile, con la testa piena di confusione. Per un momento visualizza l'immagine di un'oca che continua a correre anche dopo che le hanno tagliato la testa: deve essere l'effetto dello choc. Si porta la mano al cuore: di sicuro è in tachicardia. Si chiede se sta ancora respirando normalmente. Probabilmente sì, altrimenti i muscoli non funzionerebbero, no?

Qualche pensiero compiuto riesce comunque ad attraversarle la mente: che cosa avrà combinato? Deve sgridarlo? Strozzarlo? Punirlo? Prenderlo a schiaffi o scoppiare a piangere?

Nella sua corsa forsennata, arriva rapidamente davanti al commissariato e dà un'occhiata all'edificio dai muri un tempo bianchi e alle finestre del pianoterra che, con le loro inferriate, sembrano preannunciare l'universo carcerario. Trova una certa ironia nel nome di quel luogo: HÔTEL DE POLICE. Come se ci fosse qualcuno che può sognare di prenotarsi una stanza in un penitenziario....

Un agente monta la guardia. L'uniforme le fa sempre impressione, e lo-sguardo-che-non-scherza ci aggiunge del suo. Bofonchia qualcosa sul fatto che sta venendo a prendere suo figlio e l'uomo la lascia passare.

All'ingresso declina le sue generalità e una poliziotta con la coda alta la informa che suo figlio sta ancora facendo la sua deposizione.

«Si sieda. La verremo a chiamare alla fine per la firma del verbale.»

Giulia prende posto sull'unica panca a disposizione, tra un uomo pieno di lividi e una vecchia donna visibilmente scossa. Quest'ultima si gira verso di lei e le posa la mano tremante dalle dita nodose sull'avanbraccio.

«Mi hanno rubato la borsa, si rende conto? Avevo dentro tutto! Tutto!» si dispera.

In altre occasioni, Giulia darebbe prova di empatia, ma in quel momento condividere la pena della signora è al di sopra delle sue forze. Per sfuggire alle sue confidenze si alza e fa finta di andare a prendersi un bicchiere d'acqua al distributore.

«Signora Moretti?»

«Sì?»

«Può entrare.»

Giulia sente il cuore fare un balzo. Il poliziotto, un ometto robusto dai capelli scuri, sulla quarantina, si ferma sulla porta per lasciarla passare. L'ufficio è minuscolo e piuttosto in disordine. Le ante scorrevoli dell'armadio in alluminio, rimaste socchiuse, lasciano intravedere pile di faldoni accumulati negli anni. Seduto su una sedia rudimentale, eccolo lì, il suo bambino. Intravvede la sua schiena curva e la testa incassata nelle spalle. Quando si gira e i loro sguardi si incrociano, le si stringe il cuore: cerca di fare il duro, ma si vede benissimo che si sente uno straccio. Ha le dita macchiate di nero: a quanto pare i poliziotti gli hanno fatto il servizio completo e gli hanno preso le impronte digitali, probabilmente per dargli una lezione e togliergli la voglia di ricominciare di nuovo. Uno slancio viscerale risveglia in lei l'istinto di protezione verso il suo tigrotto: tirarlo fuori di lì ora è l'unico pensiero che ha in testa.

Il poliziotto in uniforme finisce di digitare sulla tastiera senza dire una parola, poi manda in stampa, si alza per andare a prendere i fogli e li tende a Giulia.

«Ecco qui, in fondo c'è lo spazio per la firma. Suo figlio ha riconosciuto di aver imbrattato l'impasse du Rucher. Crediamo che abbia realizzato altri graffiti deturpando altri punti della città; è dunque sospettato di atti vandalici con recidiva.»

«Ma...»

Il poliziotto le lancia uno sguardo severo.

Un'altra madre sconsiderata, che educa male suo figlio e gli lascia fare di tutto.

Lei si raddrizza per darsi un contegno.

«L'imbrattamento è un delitto che implica una procedura giudiziaria, signora. Suo figlio dovrò comparire davanti a un tribunale per minori.»

«Tribunale?» sobbalza Giulia, in un moto di panico.

"Cosa si aspettava?" sembra dirle lo sguardo di fuoco del poliziotto, che prosegue secco: «Nella migliore delle ipotesi, suo figlio rischia una contravvenzione per un minimo di millecinquecento euro, se il giudice ritiene che il danno sia relativamente leggero – secondo l'articolo R.635 1 del codice penale – e fino a trentamila euro e due anni di detenzione se il giudice ritiene il caso più grave – secondo l'articolo 322.1 del codice penale. Senza parlare di lavori socialmente utili...»

Giulia inizia a sentire una sorta di vertigine.

«Lavori socialmente utili?»

«Sì.»

È il colpo di grazia. Si gira verso Arthur, pallidissima, e non riesce a impedirsi di prendergli la mano sudata per stringerla nella sua.

Firma il verbale come un automa.

Si ritrovano all'aria aperta e camminano in silenzio per qualche istante, sconvolti, smarriti.

«Hai mangiato qualcosa? Hai fame?»

Domande da mamma, un riflesso incondizionato che perdura anche quando il cucciolo da nutrire è alto un metro e ottanta.

«No...» risponde lui con voce atona senza guardarla.

«Andiamo. Prendiamo un hamburger e mi racconti cosa è successo, va bene?»

Lui si lascia portare, con il corpo molle come quello di un burattino disarticolato. All'inizio quasi non tocca l'hamburger che ha di fronte, poi l'adolescente che è in lui si risveglia a lo divora in tre bocconi. Riprende colore e le racconta quanto accaduto, sempre in tono monocorde, con la mascella contratta. Lei lo ascolta senza interrompere.

Di ritorno a casa, Giulia va a sciacquarsi la faccia e il mascara le cola dagli occhi. Cerca di pulirsi, ma il nero è tenace e le occhiaie rimangono segnate. Quando raggiunge Arthur in sala, lo trova buttato per lungo sul divano, a pancia in giù. Guarda con un misto di emozione e stanchezza il bambinone coperto di peli e pieno di dolore e gli si siede accanto, accarezzandogli i capelli, quei capelli morbidissimi, come quando era piccolo.

«Mamma?»

«Shhh, lo so...»

Ormai la chiama «mamma» solo in rare occasioni. La mano di Giulia continua il suo movimento rasserenante. All'improvviso la corazza si spezza e sente la schiena di suo figlio sussultare scossa dai singhiozzi soffocati contro il divano.

«Lasciati andare...»

Piano piano si stringe contro di lui, come per assorbire un po' del colpo al posto suo, e restano così, una contro l'altro, per un bel po', fino a quanto Arthur si calma e si addormenta, stravolto dalla stanchezza. Solo una madre può rimanere sveglia al buio a vegliare su suo figlio, anche quando questi l'ha delusa.

SCENA 16

Nel dormiveglia tento di aprire gli occhi ancora annebbiati e lentamente il filo degli eventi mi si disegna nella mente. Audrey si stira pigramente alla mia sinistra e si gira verso di me, mostrando il suo volto ancora addormentato. Mi sorride attraverso le ciocche bionde che le cadono davanti agli occhi. Le do un rapido bacio sulla bocca, poi libero le gambe dalle lenzuola attorcigliate e mi alzo per andare a fare il caffè. Lei tenta di trattenermi per le braccia e mi accarezza i capelli; riesco infine a liberarmi con una punta, mio malgrado, di sollievo, e sparisco in cucina dove preparo un'arabica fortissima che il mio corpo reclama a gran voce, dopo una notte piuttosto breve. Audrey non mi ha seguito e gliene sono silenziosamente grato: ho bisogno di questo momento di solitudine. L'ho scelta come compagna, dopo tanto tempo; sostanzialmente le sono fedele... appena sento che la cosa potrebbe diventare seria, prendo le distanze. Creare legami, impegnarsi, mettersi in gioco, perché tutto, un giorno se ne vada a gambe all'aria? Conoscere di nuovo il dolore immenso di perdere l'essere amato, di vederlo allontanarsi, rivivere nuovamente il tradimento e l'abbandono? No, non ne avrei la forza. Il viso di Hiroko fa una fugace comparsa nella mia mente. È passato tanto tempo... Dodici anni.

All'epoca lavoravamo insieme per lo stesso istituto, a Tokyo, in cui mi sono formato sulle più avanzate tecniche di intelligenza artificiale. Io e Hiroko avevamo condiviso progetti esaltanti, partecipato a prestigiose esposizioni internazionali e le nostre trovate hi-tech avevano fatto scorrere molto inchiostro nel nostro ambiente di riferimento. L'amore era fiorito naturalmente: una fioritura spettacolare, come quella dei ciliegi che costeggiavano il viale di ingresso alla casa che ci eravamo scelti. Dalla nostra unione era nata una bambina, Sakura, in omaggio ai magnifici alberi in fiore che erano stati testimoni muti e benevoli della nostra storia. La sua nascita aveva coinciso con l'esplosione dei miei interventi in qualità di esperto in intelligenza artificiale: mi chiamavano ovunque e io moltiplicavo le partecipazioni a convegni in giro per il paese e all'estero. Preso dalla gioia per tutti quei riconoscimenti, con la sensazione di essere stato baciato dalla fortuna in ogni campo della vita, non mi sono accorto di quanto le assenze e la mancanza di disponibilità stessero scavando un fossato tra me e mia moglie. Il mio amore per lei era così integro e profondo che non mi sarebbe mai venuto in mente che potesse metterlo in discussione. E invece, una lenta erosione era in corso, sotterranea, da mesi. Per ironia della sorte è stato al consolato degli Stati Uniti che Hiroko ha incontrato il suo americano, mentre io tenevo a New York una conferenza sugli *smart objects* di ultima generazione.

Il colpo di fulmine, a quanto pare, era stato immediato.

Sei mesi dopo, la nuova coppia si trasferiva negli Stati Uniti con mia figlia. Hiroko, probabilmente con l'intento di proteggere il nuovo equilibrio familiare e difendere la stabilità emotiva di Sakura, aveva fatto di tutto per tenermi a distanza: il suo americano doveva avere tutto lo spazio necessario per incarnare il ruolo di nuovo padre della bambina. Due figure maschili avrebbero «turbato» la nostra piccola, che all'epoca aveva solo tre anni. All'inizio ho cercato di impormi e di andare a trovarla ogni volta che potevo. Cercavo di fare in modo che passassimo insieme dei bei momenti: la portavo al cinema, al ristorante, nei parchi di divertimenti... tutto quello che poteva farle piacere. La nostra complicità ha forse spaventato Hiroko e il suo nuovo compagno? Quale che fosse la ragione, hanno cominciato a metterci i bastoni tra le ruote trovando dei pretesti per impedire le mie visite. Sakura doveva andare a sciare. Sakura non stava bene, Sakura era invitata da un'amichetta... E, naturalmente, non l'hanno mai fatta venire in Europa: era troppo piccola per un viaggio del genere. Poi un giorno tutto è precipitato, il giorno in cui al telefono mi ha chiamato «Basile». Le ho chiesto perché non mi chiamasse più papà e ho sentito dall'altra parte del filo una vocina imbarazzata, che ancora mi risuona nelle orecchie: era l'«altro», ora, che lei chiamava papà. «È che... è lui che vive con me ogni giorno, passiamo molto tempo insieme, fa tante cose per me... e gli ha fatto così piacere quando ho iniziato a chiamarlo papà!» Aveva fatto una pausa, prima di assestare il colpo di grazia: «Basile, io ti voglio molto bene, ma la mia famiglia è qui, con mamma e John». Quel giorno il mio cuore si è spezzato. Niente sarebbe più stato come prima. Per ogni compleanno e ogni Natale mandavo a Sakura un regalo e una lettera, ma, malgrado le mie attenzioni, ci siamo inesorabilmente allontanati l'uno dall'altra. A poco a poco, aveva smesso di chiedere di vedermi; per lei ero diventato nient'altro che il signore che viveva dall'altra parte dell'Atlantico e rendeva triste la mamma e nervoso il «papà americano». John e Hiroko avevano vinto la partita. Quella bambina perduta si era trasformata in un sasso nel mio cuore, un vuoto che prendeva moltissimo spazio.

Richiamato in Francia da un'opportunità professionale, avevo scelto di trasferirmi definitivamente. L'esotismo mi aveva lasciato un gusto amaro e il bisogno di ritrovare le mie radici si era fatto sentire: l'idea di smettere di correre dietro quelle che ormai mi apparivano chimere – la fama, i soldi... – si era fatta strada dentro di me. Tutti i sacrifici richiesti da una carriera di alto livello, a cosa portavano alla fine? Il ritorno nel mio paese natale fu come un ritorno alle origini; l'occasione di una profonda messa in discussione della mia figura di inventore, della vocazione che era all'origine delle mie creazioni. Avevo perso la mia famiglia perdendo di vista l'essenziale, accecato dallo specchietto per le allodole di un carrierismo che nutriva l'ego, ma avvizziva l'anima. A causa delle mie ambizioni ero stato preso in un turbine che non mi aveva lasciato tempo e spazio per le persone a me care. Avevo sottovalutato le ripercussioni della mia indisponibilità cronica e non mi ero accorto di firmare con mano fredda e implacabile la condanna a morte della mia storia d'amore. Ora tutte quelle cose le avevo imparate a mie spese.

Soffio sul caffè fumante e scaccio quei pensieri, che sono immancabilmente accompagnati da una dolorosa fitta al petto. Il mio sguardo scivola verso la finestra e si perde nella danza delle foglie dell'albero di fronte. È sempre in questi momenti di fantasticheria che la mia mente si dispone in uno stato creativo e prolifico. I bambini fanno pensare ai bambini. E così il viso del mio protetto mi si disegna nel pensiero: quando è sbarcato in negozio, con il morale visibilmente sotto i tacchi, la settimana scorsa, Arthur ha smosso qualcosa dentro di me. Mi ha raccontato dei suoi guai con la giustizia e ho letto nelle sue parole tutta la disperazione che sentiva, non solo per il fatto di dover rinunciare all'unica cosa che in questo momento gli desse qualche gratificazione, ma anche per aver deluso l'ennesima volta sua madre e averle creato altri problemi.

È un po' di giorni che ci dormo su e stamattina finalmente una lampadina mi si è accesa in testa. La mancanza di mia figlia mi ha fatto pensare al vuoto, e il processo di Arthur alla giurisprudenza. L'associazione di idee si è realizzata all'improvviso: *vuoto giuridico*! Ecco una pista per la salvezza!

Mi lancio in una ricerca frenetica su internet quando Audrey fa irruzione in cucina a piedi nudi con il corpo avviluppato nella mia maglietta, che le arriva a metà coscia. Viene a mettersi dietro di me e mi stringe le braccia attorno al collo avvinghiandosi a me. La respingo gentilmente e la invito a servirsi di caffè. Fingo di ignorare la sua smorfia contrariata e mi concentro di nuovo sullo schermo. Mi sembra di aver trovato la soluzione, ce l'ho davanti agli occhi! In ogni caso, una strada da tentare. Afferro il telefono.

«Ciao, caro il mio *audace*!»

Arthur è spiazzato dal mio saluto. Per fortuna comincia ad abituarsi alle mie piccole stranezze.

«Perché audace?» borbotta.

«L'audace è un coraggioso diverso dagli altri, *unico nel suo genere*.»

«E io sarei uno così?» mi risponde con il sorriso nella voce.

Ridacchio.

«So riconoscere un audace quando ne incontro uno.»

«E da cosa capisce che lo sono, sentiamo un po'?»

«Perché hai coraggio e personalità al tempo stesso. Ti batterai per trovare il tuo posto, e lo troverai non *nonostante*, ma proprio *grazie* alle tue caratteristiche e alla tua particolarità.»

«Wow, ho fatto bene a rispondere, se mi becco tutti questi complimenti! Non è che devi chiedermi qualcosa, tipo aiutarti ad aprire una tonnellata di scatole di cartone?»

Assaporo la complicità di quello scambio fatto di piccole provocazioni.

«No, in compenso ho due notizie per te, una buona e una cattiva.»

«Ah?»

«La buona è che credo di avere una soluzione per evitare la multa che ti pende sopra la zucca per la faccenda degli atti vandalici...»

«Ah?»

«La cattiva è che sarai parecchio impegnato il sabato pomeriggio in negozio perché ho un'idea su una cosetta che potrei affidarti...»

«Ah?»

I suoi «ah» sono numerosi: sono felice di stupirlo. Finché si riesce a stupire i giovani, c'è speranza.

«Passa al bazar dopo, che ti spiego tutto.»

Metto giù, piuttosto contento di me e vado a scusarmi con Audrey per la mia mancanza di disponibilità. Quando traduco le scuse in carezze, depone le armi.

SCENA 17

Louise Morteuil si era ripromessa di andare a dare una sbirciatina in incognito al Bazar della zebra a pois. Anche se non lo aveva pubblicato, si ricordava bene dell'articolo di Audrey su quel luogo atipico dal concept particolare e voleva farsi un'idea in prima persona. Non era forse una delle prime funzioni dell'associazione Civilissimo mantenere un occhio vigile sui negozi e le attività della città suscettibili di esercitare un'influenza indesiderata sui cittadini, in particolare sui giovani? Il suo ruolo era proprio informare, monitorare, lanciare l'allarme se necessario, attraverso il sito dell'associazione e altre azioni sul territorio: interventi nelle scuole, distribuzione di volantini, conferenze a tema...

Arrivata davanti al Bazar della zebra a pois, storce il naso davanti alla scritta sulla porta: NEGOZIO DI OGGETTI PROVOCATORI. Louise ricorda l'idea di «negozio comportamentista» menzionata nell'articolo. È pronta a qualcosa di molto strampalato e il suo rivelatore per individui strani e controcorrente è acceso.

Lo sa benissimo lei, dove porta la stranezza. Suo padre... e poi suo fratello... un'infanzia vissuta nella più totale incertezza artistica, il caos in guisa di norma quotidiana. L'impressione di non avere argini, di ricevere un'educazione dai contorni laschi aveva creato in lei un vero disagio e uno sgradevole senso di insicurezza che, allora, non la lasciava mai. Pensa a suo padre, a quanto lo aveva odiato per le sue scelte di vita. Risultava estremamente simpatico per gli esterni alla famiglia, ma quanto si vergognava quando doveva presentarlo agli amici! Non sopportava il suo aspetto trasandato da artista senza un soldo, fiero dei suoi ninnoli, delle sue improbabili stufette elettriche e della sua declinante vita *bohémienne*, così lontana dai successi della giovinezza, persa dietro una ricerca pseudoartistica che non lo portava a nulla se non a serie difficoltà alla fine del mese. Il peggio da sopportare restava la gioia che il padre condivideva con il fratello più piccolo, la loro dolorosa e urticante complicità intorno alle creazioni a cui lavoravano insieme, il tutto sotto l'occhio colpevole e intenerito della madre. Poco gli importava, visibilmente, dei riconoscimenti e della gloria: sembravano soddisfatti di potersi esprimere attraverso l'arte e di dedicare la propria vita a quella passione divorante, a qualunque costo. Non sapevano dove stavano andando, ma il viaggio gli bastava, nonostante la strada fosse piena di buche. E lei, così seria, così brava a scuola, l'unica ad avere i piedi per terra… si era sentita come una mosca bianca in quella famiglia di tipi eccentrici. Naturalmente, erano gentili con lei, ma di una gentilezza piena di commiserazione, quella con cui si guarda qualcuno che non ha la stessa fortuna.

Ancora oggi quella sensazione le risulta intollerabile. Pensa con emozione alla resilienza che le ha permesso di cavarsela, di tirarsi fuori di lì, e si dice che può essere fiera di quello che è riuscita a fare. Il suo unico rimpianto? Non essere riuscita a far ragionare suo padre e suo fratello… Per fortuna, grazie ai suoi incarichi in comune e in seno all'associazione, può aiutare tante altre persone!

Con quell'energia da novella crociata, Louise entra nel negozio di Basile, tallonata da Opus. Non appena varca la porta, scorge il padrone di casa e, subito dietro a lui, un ragazzo di un metro e ottanta all'incirca. Lui la guarda dritto negli occhi per qualche istante e lei lo riconosce: è quel graffitaro che ha sorpreso nell'impasse du Rucher. Sobbalza. L'adolescente si è inginocchiato per accarezzare il cane che, da buon ingrato, gli fa una serie di feste insensate.

«Ehi, ma io ti conosco! Ciao, fratello!»

Il ragazzo ha riconosciuto il cane. Per fortuna non può sapere...

«Opus, basta così! Vieni qui!»

«Ma no, lo lasci, signora, non mi dà fastidio. Se vuole glielo tengo io, mentre visita il negozio, così è più tranquilla.»

Educato e sorridente? Louise si irrigidisce. Dopo tutto, ha fatto solo il suo dovere di cittadina avvisando la polizia del reato di vandalismo che aveva colto in flagrante.

Il proprietario del negozio le si avvicina.

«Posso aiutarla?»

«No, la ringrazio, do solo un'occhiata.»

Lui le rivolge il suo sorriso-da-buon-commerciante.

«Non esiti a chiedere, se ha bisogno che le spieghi la filosofia di qualche oggetto o se vuole provarne qualcuno.»

Detto questo, torna alle sue occupazioni, in particolare all'installazione di una strana cabina sul fondo del negozio, interamente ricoperta di graffiti. Basile Vega litiga con un pannello dipinto a mano, che alla fine riesce a posizionare come insegna sul lato della struttura.

TAGBOX. PERSONALIZZATE I VOSTRI ACCESSORI!

Basile indietreggia di tre passi per vedere l'effetto. La soddisfazione che gli legge sul viso ricorda a Louise quella, così simile, che vedeva sul volto di suo padre. Si raggrinza interiormente. L'uomo si gira verso di lei e la chiama a testimone: «Carino, che ne dice?».

Ricordandosi dell'obiettivo della sua incursione, soffoca in extremis la disapprovazione e annuisce con un sorriso forzato.

«Sì, molto! Ma di cosa si tratta esattamente?»

Il giovane si è avvicinato al proprietario per ascoltare. Ora ha Opus in braccio e quel cretino di un bassotto sembra felice e beato. A quanto pare tra i due è scoccato un colpo di fulmine. Basile Vega le spiega il concept della Tagbox.

«Lei viene qui con uno dei suoi accessori o vestiti preferiti, una borsa, una maglietta, una camicia, un astuccio, e lo fa personalizzare con una delle creazioni di Arth'. Così dà un'identità alle sue cose, che smettono di essere un prodotto di serie uguale a tanti altri. L'idea chiave della Tagbox è dare a tutti la possibilità di distinguersi, di portare oggetti unici.»

Louise Morteuil finge alla perfezione di essere estasiata e il suo entusiasmo spinge il proprietario a proseguire.

«Guardi questo ragazzo! Non lo indovinerebbe mai, ma è un giovane artista promettente che ha rischiato di smarrire la retta via.»

«Ah, sì?»

«Si figuri che questo giovane virgulto, non avendo trovato altro terreno d'espressione, faceva graffiti sui muri per la strada...»

«Davvero...?»

«Fino a quando è stato beccato dalla polizia... L'ho recuperato che era completamente disperato, vero Arthur? Era convinto che non avrebbe mai più potuto disegnare con le bombolette.»

Il ragazzo fa sì con la testa, con gli occhi brillanti di una fastidiosa riconoscenza verso il suo benefattore.

«E allora io gli ho detto: Arthur, se i tuoi graffiti non possono andare sulla strada, la strada verrà da te. È il mio lato "onnipotente", non posso farci nulla!» dice scoppiando a ridere, mentre il ragazzo alza il pollice in segno di approvazione.

«Sarebbe stato davvero un peccato se la sua creatività fosse sparita sotto il colpo di spugna dei lavori socialmente utili. Qui dentro non c'è più pericolo: Arthur potrà continuare in tutta legalità a creare con i suoi spray. Semplicemente il supporto non sono più i muri della città, ma i vestiti e gli accessori dei nostri concittadini...»

«Ah, magnifico...»

Louise Morteuil stringe i detti. Non dimentica le decine di muri che quel tale ha deturpato con i suoi disegni. Si gira verso di lui.

«E alla fine cos'è successo con la polizia?»

Lo spilungone ondeggia, vagamente imbarazzato.

«Ehm, be', ci sarà un processo... non so ancora come finirà. Mi fa un po' paura, ma Basile dice che non devo preoccuparmi.»

I due si scambiano uno sguardo complice e Basile si china verso Louise per sussurrarle: «Ho trovato una falla».

«Una falla? Che falla?»

«Un vuoto normativo che possiamo usare per evitare al piccoletto una pena troppo severa!»

«Davvero? E cosa? Mi dica! A questo punto sono curiosa!»

Basile è sul punto di sbottonarsi, quando il giovane gli dà una impercettibile gomitata nelle costole; l'uomo cambia idea e decide di tenere per sé la sua strategia di contrattacco giuridico.

Louise capisce di aver perso la partita. Fa un giro del negozio, guarda le creazioni e inizia a capire meglio che cosa possa celarsi dietro l'etichetta di «negozio comportamentista». Quell'uomo crede di poter agire sulla mente delle persone: ma è una cosa pericolosissima!

Lascia il Bazar della zebra a pois strappando Opus dalle braccia di Arthur.

«*Bye bye*, pelosino!»

Che confidenza! Per Louise Morteuil quel ragazzo è il tipico risultato di una educazione permissiva mentre Basile incarna il prototipo dell'adulto indulgente che, credendo di aiutare i giovani, li porta fuori strada. Incoraggiando le sue passioni decadenti, come quella storia assurda di fare i graffiti, ingannevolmente ludiche e irresistibili come un variopinto sacchetto di caramelle, non fa altro che rinforzare una visione falsata della vita e della realtà, e soprattutto occulta il valore degli sforzi e del sacrificio che sono indispensabili per meritarsi le cose e cavarsela nelle situazioni difficili.

Si allontana con la testa piena di argomenti che confermano il suo punto di vista. Una cosa è certa: d'ora in avanti quei due sono nel suo mirino.

SCENA 18

Giulia non riesce a credere alla dolcezza e al tepore del sole d'ottobre: un tempo ideale per una passeggiata domenicale. Arthur è a casa con due amici. In un commovente soprassalto di ottimismo ha perfino tentato di incitarli a uscire, ma non aveva fatto i conti con l'inerzia insita in quegli adolescenti dal DNA imparentato con la cozza da scoglio, dove lo scoglio è però una stanza dotata di PC. "Gli passerà", pensa con la stessa convinzione con cui pensa all'esistenza degli extraterrestri… Per il momento preferisce mettere da parte quelle preoccupazioni materne foriere-di-capelli-bianchi indesiderati per focalizzarsi sul positivo: Basile, il proprietario della Zebra a pois, dice di aver trovato una scappatoia giuridica che potrebbe evitare a suo figlio la pena più severa per il suo atto di vandalismo. Si sono dati appuntamento al Parc des Amandiers per parlarne. Vicino al laghetto, aveva suggerito Basile.

Giulia attraversa le vie della città, il che crea sempre dentro di lei una vera e propria avventura dei sensi. È una peculiarità della sua ipersensibilità percettiva: perfino una banale passeggiata si trasforma in una festa di colori, profumi e suoni che la catturano a ogni angolo di strada. Ovunque assapora la diversità delle tinte e la ricchezza delle materie: vecchie pietre qui, balconi in ferro battuto di là, e quella bella fila di casette colorate laggiù, le cui facciate sembrano uscite dritte dalla tavolozza di un pittore: giallo Napoli, ocra, terra di Siena, rosso vivo, blu cobalto… Mont-Venus può vantare una bella orchestra anche di sinfonie naturali, tra il corso d'acqua che la attraversa cantando, la campana centenaria e i merli neri dal vasto repertorio di vocalizzi... Quel che sovrasta tutto è il profumo del centro: unico al mondo. Una firma olfattiva rara, che l'ha fatta innamorare di quel luogo fin da quando ci è arrivata la prima volta. Il suo naso non si è mai stancato di quegli effluvi dagli accordi di cuoio, al contempo animali e boschivi, che si mescolano alle note fiorite delle dalie e delle zinnie, senza dimenticare l'impercettibile tocco agrumato del melangolo... Mont-Venus offre, impudica e generosa, l'elisir della sua fragranza intima. Forse è la sola a percepirlo, ma le sembra quasi di sentir volteggiare per aria particelle di «dolce vita», come mai le è capitato altrove e che ancora oggi fiuta con un piacere intenso.

Giulia arriva al parco. Fa così caldo che diverse persone passeggiano indolenti o sonnecchiano sulle sedie di ferro battuto. Si guarda attorno, ma nel punto convenuto non vede nessuno. E se non si presentasse? Qualche istante di attesa, e ancora niente. Scruta i viali alla ricerca dell'alta silhouette di Basile Vega. Nessuno. Il baracchino che noleggia le barchette a vela telecomandate è aperto. Intravvede allora in riva al laghetto un gruppo di bambini a cui non aveva fatto attenzione. Avvicinandosi riconosce in mezzo a loro Basile. *Oh, santo cielo! Sta pilotando uno dei modellini con una tale destrezza che i ragazzini lo guardano a bocca aperta, tutti stretti attorno a lui.*

Il telecomando che tiene tra le mani è diventato una bacchetta magica, e le prodezze nautiche che esegue con il suo veliero preso in prestito strappano al giovane pubblico esclamazioni gioiose. Dopo averlo osservato per qualche momento, Giulia decide che è tempo di comparire nel suo campo visivo. Lui smette di giocare e cede il comando al ragazzino che era andato a chiedergli aiuto, deliziato.

«Salve, Giulia! Come sta?»

Le tende la mano. Lei ha un'impercettibile esitazione al ricordo della scossa elettrica del loro primo incontro. Ma stavolta niente elettromagnetismo.

«Grazie per tutto quello che ha fatto per aiutarci in questa stupida faccenda del graffito.»

Basile alza le spalle con un sorriso disinvolto: «Aspettiamo di vedere se funziona prima di ringraziarmi!».

«No, no, le sono riconoscente fin d'ora per aver anche solo cercato una soluzione. Arthur stravede per lei, lo sa?»

Giulia osserva Basile, che non sembra incline agli elogi e in effetti cambia subito argomento.

«Trovo che in fondo il suo sia davvero un bravo ragazzo e non penso che meriti di essere tormentato per colpa di qualche disegno. Tra l'altro, detto tra noi, trovo che i suoi graffiti migliorino quelle tristi stradine. La polizia con lui perde tempo!»

Giulia apprezza il modo in cui prende le difese di suo figlio e la disponibilità che mostra a impegnarsi in una battaglia che non è nemmeno la sua: quelle riflessioni rivelano un temperamento che le piace.

«Le dirò a cosa ho pensato e spero che la mia idea possa essere utile; magari potrà suggerirla al vostro avvocato.»

Basile spiega come, nel corso delle sue ricerche, sia incappato in un vuoto giuridico che potrebbe rivelarsi interessante.

«Nella nostra municipalità non ci sono... *legal walls*.»

«Non ci sono cosa?»

«*Legal walls*. Si chiamano anche *legal graffiti spots*. In poche parole, ogni città è tenuta a mettere a disposizione dei muri dedicati alla libertà d'espressione dei writers, e da noi questo non è stato fatto! Io penso che sarebbe una buona linea di difesa... almeno per evitare il peggio.»

Giulia è colpita, l'idea le sembra brillante.

«Mi sembra davvero intelligente. Suggerirò di sicuro questa traccia al nostro avvocato e spero che accetti di utilizzarla. Grazie mille!»

Basile cambia argomento.

«Arthur mi ha detto che lei è un naso. Deve essere un lavoro interessante!»

Il volto di Giulia si incupisce. Parla senza guardarlo negli occhi mentre camminano lungo un viale fiancheggiato da mandorli.

«Oh, sa, l'opinione che ci si fa di questi lavori è un po' idealizzata. Non c'è sempre tutta la magia che anch'io mi immaginavo all'inizio della mia carriera...»

Giulia parla dei suoi sogni di ragazzina, di quando vagheggiava fragranze straordinarie che le volteggiavano nella mente come i colori sulla tavolozza di un pittore; e del primo incontro con la realtà, quando aveva iniziato la sua formazione in quel campo. Innumerevoli ore di lavoro duro, a volte forsennato, per anni, prima di arrivare a destreggiarsi nell'arte complessa della profumeria. E poi il secondo piede nella realtà, quando era stata assunta in un'impresa che lavorava per un grande gruppo di cosmetica, esclusivamente nel settore della cura della persona.

«Deodoranti femminili», precisa.

Basile la ascolta senza interrompere, ma Giulia sente che ribolle dalla voglia di intervenire.

«Dunque, se ho capito bene, il suo lavoro com'è adesso non le piace tanto...»

«Si può dire così.»

«E...?»

«E cosa?»

«Cosa conta di fare?»

A quel punto, Basile si anima.

«Trasferirsi? Cambiare vita? Dare una svolta al suo percorso professionale, cambiare radicalmente? Oppure proporre qualche aggiustamento lì dov'è?»

I suoi occhi grigio-verdi si sono accesi e grandi gesti accompagnano il flusso delle sue domande.

«Ehm... non ne ho idea.»

«Non ci ha ancora pensato?» fa lui stupito.

«Sì, sì, ho iniziato a pensarci...»

Sarebbe imbarazzata a confessare il contrario, tanto Basile sembra pronto a gettarsi anima e corpo nelle sfide, come se non conoscesse la paura del cambiamento.

«Mi dica!»

La trascina al bar del parco e si siedono a un tavolino per parlare davanti a un bicchiere. Basile sembra interessato alla situazione di Giulia. Curioso.

Lei si immerge nel racconto delle sue disillusioni, descrive la realtà del suo lavoro, diventato noioso e asfissiante dopo l'euforia dei primi anni, enumera tutti i paletti e i vincoli che irreggimentano la loro attività – le norme di sicurezza, la monotonia dei brief che si succedono uguali uno dopo l'altro, la mancanza di coraggio della direzione, l'eterno atteggiamento di inerzia dell'azienda, la convinzione che non si possa far altro se non seguire le tendenze e le mosse della concorrenza...

«Mi sembra di soffocare, non c'è spazio per nulla di nuovo, non c'è niente che mi entusiasmi lì dentro! C'è sempre meno spazio per l'invenzione e le cose peggiorano col tempo! Fare sempre lo stesso profumo floreale alla fine è una cosa che ti butta giù il morale.»

È così tanto tempo che non si confida con qualcuno che ora non riesce più a fermarsi: parla, parla come un fiume in piena. Si era dimenticata di quanto facesse bene aprirsi con una persona capace di ascoltare. Arriva naturalmente a raccontare della sua disavventura – e disillusione – dalla sofrologa.

«Mi sarebbe tanto piaciuto riuscire a ritrovare i ricordi positivi che aiutano a sperimentare di nuovo uno stato di calma, gioia, serenità.... Ma è stato impossibile! Non sono riuscita a rivivere momenti felici e tanto meno le sensazioni benefiche che mi avevano procurato. Che frustrazione!»

«Sì, capisco... Le è mancato qualcosa che la aiutasse a partire per il viaggio sensoriale...»

«Esattamente», sorride Giulia, felice di essere capita. «Vede, quando mi sono lanciata nel mio settore, speravo di riuscire a fare proprio questo: evocare viaggi sensoriali grazie ai miei profumi e all'universo olfattivo che creo. Come nelle poesie di Baudelaire che tanto mi piacevano, anch'io volevo esprimere il mio "invito al viaggio": imbarcare le persone con me, trasportarle coi miei profumi, permettere loro di rivivere le loro memorie sensoriali più forti, in una trama di "corrispondenze"...»

Giulia sente che lui pende dalle sue labbra.

«Il modo in cui ne parla è molto... ispirante.»

Lei arrossisce leggermente.

«Grazie.»

Restano per un momento in silenzio. Basile è immerso nelle sue riflessioni. Lei osserva con discrezione alla luce quel volto così particolare, le fossette che gli scavano due piccoli buchetti nelle guance, gli occhi illuminati da una luce inabituale, l'espressione sorridente, come se per lui la vita fosse un gioco, e i boccoli liberi, indisciplinati, ribelli. Sobbalza quando la sorprende nella sua irriguardosa ispezione, ma il suo sorriso la rassicura. Non si formalizza, forse è abituato a suscitare quel genere di curiosità?

«Vuole una *gaufre*?»

«Una *gaufre*?»

Come salta di palo in frasca!

Senza aspettare la sua risposta, Basile si alza e la trascina alla bancarella dei dolci. Un momento dopo si ritrovano tutti e due con una calda delizia tra le mani e riprendono la loro passeggiata scottandosi le labbra con piacere.

«È davvero buona! Fa proprio bene una piccola regressione così.»

Anche lui ha l'aria di godersela parecchio. Giulia sorride interiormente alla vista dello zucchero bianco che ora ha sul naso e attorno alla bocca. "Un bambino cresciutello", pensa, vagamente intenerita.

«Trovo molto interessante la questione delle memorie sensoriali. Se vuole il mio parere, è una pista da seguire...»

«Ah, sì?»

Un improvviso colpo di vento soffia sulla *gaufre* di Giulia che si ritrova la faccia piena di zucchero, come nella gag di un film comico.

«Oh, no!»

«Aspetti che la aiuto.»

Basile tira fuori un fazzoletto dalla tasca e inizia a pulirla.

Di riflesso lei chiude gli occhi per non far entrare lo zucchero e quando li apre si ritrova vicinissima a quelli di Basile, così vicina che può osservare ogni dettaglio dell'iride. "Bel colore", pensa, prima di accorgersi che si è attardata un secondo di troppo. Indietreggia bruscamente mentre lui non smette di esibire il suo sorrisino divertito, quasi fastidioso. L'incidente, a quanto pare, gli ha fatto venire delle idee.

«Fantastico questo colpo di vento!»

«Ah, sì? E perché?»

Giulia fatica a seguirlo.

«Perché ha creato un'esplosione di zucchero, una nuvola aromatica che le è saltata al naso! E ora, rispetto alla faccenda del viaggio sensoriale, penso di aver capito cosa le è mancato.»

«Certo che a lei basta proprio un niente per fare un'associazione di idee!»

Basile si ferma, sorpreso.

«Ma no, la sto prendendo in giro. Mi dica allora: cosa mi è mancato?»

Basile le si piazza davanti, costringendola a fermarsi, e le agita l'indice sotto il naso con espressione maliziosa.

«Un detonatore. Le è mancato... un detonatore!»

SCENA 19

Il preside ha riunito gli allievi delle ultime classi. Obiettivo della riunione: la prevenzione dei rischi legati ad attività illecite e, in generale, ai comportamenti devianti negli adolescenti.
Il signor Gilles Blénard aveva promesso a Arthur di non nominarlo; nondimeno non smette di girarsi verso di lui e continua ad accennare ai dettagli dell'episodio di vandalismo che ha visto coinvolto uno studente della scuola. Tutti sanno che si tratta di Arthur.
«Questo vostro compagno rischia una pena severa. Sicuramente non era consapevole di ciò che stava facendo, non aveva calcolato bene le conseguenze della sua azione.»
Arthur stringe i denti, con lo sguardo fisso in lontananza, nel vuoto. Tenta di ignorare gli sguardi pressanti che si posano su di lui e non vuole dare la soddisfazione di mostrare il proprio disagio. Dopo la predica, il preside invita al microfono una donna che è rimasta nell'ombra fino a quel momento e che Arthur riconosce immediatamente: la donna del cane! Ma cosa ci fa lì? Gilles Blénard la presenta.
«Accogliamo Louise Morteuil, dell'associazione Civilissimo, che ha gentilmente accettato il nostro invito di venire a parlarci dei pericoli che ci attendono se ci lasciamo andare a una pericolosa deriva di lassismo. Alcuni potrebbero pensare che a volte si tratti solo di non prendere le cose troppo sul serio – di divertirsi un po' –, ma la cosa va ben oltre: dobbiamo pensare a dove ci può condurre la mancanza di disciplina, il mancato rispetto dei limiti, dei paletti e delle

regole fondamentali... Abbiamo tutti un ruolo importante nel proteggere la comunità dai rischi e dalle trappole nelle quali voi giovani potete cadere, come è successo al vostro povero compagno...»

Indica Arthur nel pubblico e, troppo tardi, si ricorda che aveva promesso di non rivelare la sua identità. Tenta goffamente di recuperare, incespicando un po' nelle parole.

«...il vostro compagno, di cui non dirò il nome...»

Naturalmente, tutti gli occhi sono puntati su di lui. Arthur è furioso, si sente sopraffare dalla rabbia, ma finge una flemmatica indifferenza.

Il preside tossicchia e passa oltre rapidamente: «Lascio la parola a Louise Morteuil!».

Gilles Blénard fa un applauso caloroso, seguito da uno piuttosto tiepido dal pubblico.

La donna del cane avanza sul palco. Non ha più l'espressione sorridente e piacevole che Arthur ricorda di averle visto qualche giorno prima in negozio. Indossa invece una maschera di severità e le parole che pronuncia sono in linea con il suo viso. Quella donna non tollera nulla che sia originale e creativo, come altri non tollerano il lattosio. Si avverte che è una cosa che viene dalla pancia: è proprio un rifiuto viscerale.

Pronuncia un discorso ben oliato sulle virtù della disciplina, del lavoro, delle regole e di tutto ciò che esprime un codice di valori rigido e ben codificato. Arthur trova le sue affermazioni grottesche, caricaturali, schematiche: nella sua visione delle cose, è tutto bianco o nero; o si rientra nei canoni o se ne è fuori. Che visione ristretta! Lui, al contrario, sogna per la sua mente spazi ampi, sterminate pianure dove far galoppare le sue idee come cavalli selvaggi. Lei deve essere più un tipo da filo spinato. Le sue affermazioni gli ricordano le lezioni di geometria, i libri in cui non si parla di altro che di confini e perimetri, in cui tutto è spigoloso e determinato. Dove non c'è posto per la fantasia e niente può avvenire al di fuori delle regole.

Arthur tende di nuovo l'orecchio quando sente citare il

Bazar della zebra a pois. All'improvviso l'evidenza si impone: se l'altro giorno è entrata nel negozio non è stato per caso. Si è infiltrata, come una talpa, per osservare, valutare e preparare il suo attacco.

È scioccato. Lui e Basile l'hanno accolta così gentilmente! Che ingenuità. E ora eccola che demolisce proprio il loro nuovo concept di Tagbox! Arthur si sente rizzare i peli sulle braccia. No! Che non si permetta di toccare il Bazar della zebra a pois! Quel posto è il suo rifugio, la sua arca di Noè. Ha un pensiero commosso per Basile, quell'essere raro e pieno di poesia, quell'adulto che per una volta ha il coraggio di fare qualcosa controcorrente e che si ritrova ora giudicato sulla pubblica piazza, assente, senza la minima possibilità di replica. Arthur si ribella dentro di sé all'ingiustizia di quella situazione.

Louise Morteuil sta facendo circolare tra le file del pubblico dei dépliant da portare ai genitori. Una malcelata pubblicità per promuovere le attività della sua associazione.

«Sarebbe davvero importante che i vostri genitori sostenessero l'azione di prevenzione che portiamo avanti. Se vanno sul nostro sito, civilissimo.org, nella sezione *Segnalazioni*, troveranno tutti i luoghi e i negozi della città su cui è bene porsi qualche domanda. Potranno naturalmente farsi la propria idea, giudicare secondo il proprio libero arbitrio. E potranno poi votare dando un parere favorevole o meno a determinati commercianti o professionisti. È solo unendoci tutti quanti che potremo custodire le tre grandi C che fanno il nostro orgoglio a Mont-Venus: civismo, competenza, controllo.»

Applauso finale. Finalmente la seduta è tolta.

Arthur esce dalla sala quasi senza fiato, furioso contro quella donna piena di astio e contro i suoi principi da quattro soldi. Si gira e rigira in tasca i bigliettini da visita stampati da Basile per promuovere la loro Tagbox. Si chiede per un momento se non sia il caso di buttarli nella spazzatura. Il cortile è pieno di studenti. Piccoli gruppi si formano qua e là per parlare, fumare, ascoltare musica. Arthur non è dell'umore di stare con nessuno. Si appoggia a un pilastro con un'espressione chiusa e imbronciata e prevede di non muoversi da lì fino a quando suonerà la campanella per rientrare in classe. Médine si avvicina a lui. Anche se ha voglia di starsene da solo, Arthur apprezza quel segno di amicizia e sostegno.

«Non te la prendere, vecchio. Tu sei un artista e il tuo talento non te lo possono togliere...»

Arthur abbassa la testa scontroso e continua a farsi girare in mano i bigliettini per la promozione della Tagbox.

Dei tizi dell'ultimo anno gli passano davanti e con grande sorpresa si fermano davanti a lui.

«Ehi, fratello, mica male quella storia della Tagbox. Dov'è che sta poi?»

Arthur nasconde il suo stupore, si dà un contegno e tende con nonchalance i bigliettini del bazar.

«Sono tatuaggi per accessori. Ci sono tutti i sabato pomeriggio.»

«Fico.»

I ragazzi si allontanano, ma altre persone si avvicinano. Stessa scena. Anche loro vogliono provare la Tagbox, la novità trasgressiva del momento. L'idea di quel *must-have* si diffonde fulminea e il pacchetto di bigliettini sparisce in un batter d'occhio.

La campanella risuona nel cortile e tutti sciamano verso le classi. In quel disordine, Mila si avvicina a lui.

«Te ne resta uno per me?»

Se avesse saputo che quel rettangolino di carta sarebbe stato la chiave per poter rivolgere la parola alla ragazza che punta da settimane! Ringrazia mentalmente «dio» Basile mentre la fissa con uno sguardo nero e impenetrabile, vagamente disincantato.

«Se ti porto la mia borsa preferita, mi fai qualcosa di carino?»

«Chiaro.»

Lei sembra soddisfatta della risposta e si congeda da Arthur con un combo ciao-ciao-occhiolino da svenimento che gli ricorda come, sotto la sua corazza da duro, ci sia un cuore che batte...

«Moretti, in classe!»

Il volto ostile del preside è così poco gradevole rispetto a quello di Mila! Non lo aveva nemmeno visto arrivare. China la testa remissivo, ma dentro di sé sente una gioia, un'eccitazione come non ne ha mai provate. Basile aveva ragione: un *audace* non ha mai detto l'ultima parola.

SCENA 20

Giulia sonnecchia da venticinque minuti davanti alla scheda delle formule. Il preparatore le porta la prova che gli aveva richiesto. Per ogni brief, ogni composizione di un nuovo profumo, Giulia procede come in pittura, per strati: crea un cuore a base di una quarantina di ingredienti, poi aggiunge a mano a mano decine di altre materie prime, fino a essere soddisfatta del risultato, che deve rispondere fedelmente alle attese del cliente.
Grazie al mestiere – più di quindici anni di esperienza come naso – è in grado di stilare di getto la lista dei quaranta ingredienti necessari alla formula di base. Alla lunga ha finito per conoscerli a memoria e non esita più quando si tratta di decidere quali associare...
Da Olfatum, sono schedati migliaia di componenti. Giulia imposta la scheda di fabbricazione e tutti i prodotti sul foglio si mettono a danzarle sotto gli occhi.
Nella colonna di sinistra, il codice di riferimento dei componenti; nella casella seguente la formulazione; in quella dopo ancora la quantità – essenziale – e poi infine la pericolosità, criterio indispensabile da quando le norme di sicurezza sono diventate ancora più stringenti e il loro lavoro è sottoposto a un maggior rigore e numerose restrizioni.

Muschio SP4579 biolandes ++++++50% PE, Cedrenyl acetate, alcol cinnamico, Ambrarome +++++50% PE, Jasmonal H, Benzyl Salicylate, Boisambrene forte, Citronellol 95, Geraniol 98, Vertenex, Linalol...

Le stringhe di formule si estendono per tre pagine: cinese per qualunque neofita; una seconda lingua per Giulia. Non ci si può improvvisare apprendisti stregoni nel campo della profumeria; lei lo sa, la cosa più importante è saper dosare. Tutto sarà pesato al millesimo di grammo: come in pasticceria, la precisione è fondamentale. Per fortuna, in azienda Giulia può contare su un buon preparatore che seguirà alla lettera la sua composizione e realizzerà la miscela base per le sue prove. «Lui pesa le mie idee», le piace dire. Le prove saranno numerose. Ha già elaborato il cuore del prodotto per il nuovo deodorante, e il preparatore ha creato cento grammi di miscela, divisi in dieci flaconi. Così potrà comporre diverse varianti, fare vari tentativi senza aver bisogno di rifare il cuore del profumo. Giulia sa fin d'ora che la formula finale conterrà più di settanta componenti!

In quel momento lavora contemporaneamente a più di dieci creazioni: faldoni verdi che si impilano e le fanno percepire un costante senso di emergenza, con il segnale rosso attivato... è la sua grande frustrazione, non avere tempo per fare le cose come vorrebbe, essere sempre in corsa contro il tempo, avere la sensazione di lavorare in modo meccanico, come un automa. Sulla scrivania, piccoli flaconi raggruppati a due o a tre contengono le prove in corso per ognuno dei diversi brief, e ogni gruppo di prove olfattive ha il suo *porte-mouillettes*, coi cartoncini tester da intridere di fragranza – mai andare con il naso direttamente sul flacone! Così, Giulia può valutare l'evoluzione del profumo nel tempo, soprattutto la nota di fondo, che non compare prima del giorno successivo. Nel mezzo, una ciotolina di grani di caffè è pronta a essere annusata tra un test e l'altro per liberare il naso dai sentori nel corso delle prove, come un enologo che si sciacqui la bocca tra due degustazioni di vino.

Nathalie, la sua valutatrice, sbarca nell'ufficio, facendola sobbalzare.

«Ti ho svegliata, per caso? Sembri imbambolata!»

Giulia ripensa alla sua serata, che si è prolungata fino a tarda notte. Alle ore di ricerca spese sul suo progetto segreto che l'hanno tenuta sveglia. Forse è troppo presto per parlarne, persino a Nathalie... Come spiegarle il turbamento che la agita da giorni, l'eccitazione e insieme la paura che prova?

Un'idea è germogliata dentro di lei dopo l'incontro con Basile. L'uomo le aveva raccontato il proprio percorso di inventore, che lo aveva portato ai quattro angoli del mondo, ed era stata colpita dalla ricchezza della sua storia personale e dai riconoscimenti che aveva ottenuto nel suo mestiere, di cui parlava con tanta umiltà. E dire che di primo acchito lei lo aveva preso per un negoziante di chincaglieria! Le aveva raccontato con incredibile serenità successi, delusioni, difficoltà, e di come, in ogni momento cruciale della sua vita, si era rimesso in discussione per aggiustare il tiro, osando ogni volta rimettersi in gioco, scommettendo tutte le proprie *fiches*, come quando si fa *all-in* a poker. Pensare in grande, puntare in alto... Non aveva mai tradito la propria filosofia e aveva cercato senza sosta la traiettoria che potesse condurlo il più vicino possibile alla vita che sognava. Un progetto di vita che fosse in risonanza con lui, il più giusto e allineato con i suoi valori e le sue aspirazioni profonde. Giulia era rimasta sinceramente impressionata, soprattutto pensando a sé stessa, così anchilosata nella propria vita, bloccata da una profonda e antica paura del cambiamento.

Rivedeva l'entusiasmo di Basile mentre si raccontava. Da lui emanava un'energia magnetica, forse non aliena da un pizzico di follia, ma di quelli che spingono al sogno, più che al crimine... La loro conversazione l'aveva scombussolata. A sentirlo parlare, sembrava tutto semplice. Era come se fosse dotato di un infallibile timoniere interiore che gli indicava chiaramente cosa fare e come agire. Sembrava che gli bastasse lasciarsi guidare da idee, desideri profondi e intuizioni, per dipanare con tranquillità il filo e materializzare tutto nella vita reale! *Crederci, lavorare, agire, perseverare.* A sentirlo, era una cosa alla portata di tutti e sembrava così...

convincente! Basile aveva innegabilmente *qualcosa* in più, ma non riusciva a definire quel talento; forse si sarebbe dovuta inventare una parola apposta per riassumere un simile abbinamento di qualità.
Lui usava il termine *audacia*.
Sì, quella parola definiva bene la combinazione di coraggio e tenacia, di apertura mentale e di sete d'azione caratteristica dei sognatori, dei folli e dei grandi conquistatori!

«Hai preparato le prove per Nartex? Dalla sede centrale fanno pressione e devo assolutamente spedire le proposte entro la fine della settimana.»
Giulia torna al presente: sa riconoscere la modalità Nathalie-Terminator-dei-brief. Addio buone maniere quando le scadenze si avvicinano pericolosamente! Con un gesto rapido afferra i due flaconi dei suoi ultimi tentativi. Nathalie annusa il primo, del tutto conforme alle attese, vicino a quello che la concorrenza propone al mercato sul momento.
Le piace l'abbinata classica floreale-aldeide.
«Mmh. Questo funziona molto bene. Approvo.»
«Aspetta di aver sentito questo! Vedrai, è davvero interessante! Ho aggiunto del castoreo...»
«Cosa?»
«Lo so, è inusuale, ma trovo che si debba correre qualche rischio ogni tanto, andare un po' controcorrente, Nathalie! Non sei stufa di lisciare sempre il pelo al cliente?»
Mi guarda come se avessi mangiato dei funghi allucinogeni. Insisto.
«Dimmi almeno che li presenterai tutti e due!»
Il viso di Nathalie si indurisce.
«Giulia, lo sai benissimo che non è possibile! È troppo originale!»
Fa una pausa.
«È fuori discussione che io lo presenti. Mi spiace. Ma l'altro andrà benissimo, ok?»
Giulia sente la solita contrazione alla gola. Come qualcosa che stia per soffocarla.

«Prenditi un altro caffè, altrimenti dovrò portarti dei fiammiferi per farti tenere gli occhi aperti!»

Nathalie esce dall'ufficio con un movimento deciso che fa tremare tutti i tester. Giulia si sente vincere dallo sconforto, ma oggi non ha voglia di autocommiserarsi: pensa al piccolo seme che sta germogliano dentro di lei. Sente una convinzione, una determinazione nuova, e quella sensazione le piace. Non può più continuare in quel modo, deve fare qualcosa! Sta perdendo la sua anima, come naso. Anzi, forse sta perdendo la sua anima, e basta. La cosa non ha alcun senso. Non ha voglia di rimanere in quello stato emotivo di tristezza, vuole ritrovare la gioia, l'entusiasmo, il piacere! Ha conosciuto questi stati d'animo nel corso della sua esistenza. Anche se è passato tanto tempo...

La sera prima ha cercato di ricordarsi dei momenti in cui si è sentita davvero fiduciosa, felice, realizzata. Purtroppo, come dalla sofrologa, l'esercizio non le è riuscito; con grande fastidio ha dovuto constatare che le era difficilissimo far risalire le esperienze positive alle soglie della coscienza. Bisognava fare un vero lavoro di riattivazione della memoria. Dopo diverse ore di infruttuosa introspezione è andata in cucina per concedersi una pausa. Le ci voleva un caffè forte, molto forte, per rimanere sveglia fino a quando le sue ricerche avessero dato buon esito. È stato allora, aprendo il pacchetto, che l'aroma dei grani l'ha assalita e invasa di piacere. E lì, ecco che l'immagine le si è disegnata davanti agli occhi, come per magia. Si è rivista nella loro casa di vacanza nel Sud dell'Italia, d'estate, quando sua madre serviva una colazione golosa, speciale, che non aveva mai il tempo di preparare durante l'anno. Iperattiva, ipersocievole e con scarso gusto per la genitorialità, sua madre si muoveva a destra e a manca come una lieta corrente d'aria, lasciando sospese dietro di sé le essenze della sua acqua di Colonia ai fiori d'arancio, che riportavano immancabilmente Giulia nel cuore della Calabria.

La Calabria rendeva sua madre così bella... e così disponibile! Oh, le mattine in cui l'aveva tutta per sé, in cui poteva abbeverarsi della sua presenza, le avevano lasciato un ricordo straordinario! Si sedevano insieme nel giardino davanti a casa, sotto un pino profumato, e Giulia guardava con gioia il viso illuminato e sereno della madre mentre sorseggiava un espresso scuro e aromatico.

Giulia ha rivissuto quella felicità muta e intensa grazie al profumo del caffè. In quel momento, di colpo, una lampadina si è accesa nella sua testa. Ecco di cosa parlava Basile l'altro giorno e che le è mancato per creare la reminiscenza:

un detonatore sensoriale!

L'idea le era subito piaciuta. Aveva avuto l'impressione di aver trovato una pista; era stato un «eureka» esultante, anche se non c'era nella sua testa nessun progetto degno di questo nome, solo un barlume, una scintilla, uno spunto senza capo né coda. Tutto ciò che sapeva era che quell'idea risuonava profondamente dentro di lei.

Era corsa a prendere il suo diario e fino a tarda notte aveva scritto tutto ciò che quell'intuizione grezza le suscitava. Le idee si moltiplicavano nella sua mente come un albero: da ognuna ne nasceva un'altra e poi un'altra ancora, vere e proprie ramificazioni di idee.

Si entusiasmava, sola in salotto, mentre suo figlio dormiva di un sonno profondo in camera sua. *Trasporre gli universi.* Era una delle frasi che Basile aveva pronunciato durante la loro conversazione. Come aveva ragione! Spesso le chiavi dell'innovazione si trovano così: creando scarti o provocando avvicinamenti inattesi. Da un profumo ci si aspetta solitamente che abbia un buon odore. Lo scarto può attribuirgli una funzione nuova, insolita, trasporlo in un universo inatteso, non abituale. E se alla funzione primaria di avere un odore gradevole Giulia accostasse una funzione superiore? Una nuova dimensione? Un supplemento d'anima?
...

E se il profumo potesse aiutare le persone a stare meglio?

SCENA 21

"Basile, sarà il caso che ti rimbocchi le maniche!" penso lanciando uno sguardo obliquo ai quarantadue messaggi in attesa di risposta nella casella e-mail. Non li ho ancora affrontati anche se ormai è un bel po' che mi do da fare nel retrobottega.

Sono arrivato molto presto stamattina per occuparmi della comunicazione e del sito internet, che ho trascurato per diversi giorni per mancanza di tempo. Eppure, è un aspetto fondamentale: il web rappresenta una fetta di mercato importante per me, come dimostrano i due teschi Carpe DYEem spediti in Italia e i tre che hanno preso la via del Giappone.

Con i clienti internazionali si fanno buoni affari: diversi acquirenti si sono presi il tempo per lasciare una recensione positiva delle loro esperienze con gli oggetti comprati al bazar. Tra questi, una testimonianza molto toccante: quella del signore cui Arthur aveva venduto il fiore da compagnia. Lo aveva regalato alla sua anziana madre, che stava in una casa di cura; nella recensione spiegava come lei, dopo la morte del marito fosse scivolata in uno stato di depressione che le toglieva la voglia di parlare con chiunque, murandola in un silenzio quasi completo. Il regalo aveva operato un piccolo miracolo e il personale della clinica non credeva ai propri occhi: il fiore da compagnia aveva risvegliato nella donna un improvviso bagliore, un insperato recupero della sensazione di piacere, una fiammella di vita e curiosità. La donna non si stancava di guardare quel fiore dall'incredibile intelligenza artificiale, quella pianta high-tech dalla personalità decisa che aveva riportato svago e un pizzico di malizia nella sua esistenza. Rideva perfino, a quanto pare, degli umori variabili e a volte ombrosi del fiore: quando non ci si occupava abbastanza di lui, quello metteva il muso e diventava capriccioso!

Avevo passato molte ore a programmare una vasta palette di emozioni umanoidi, a riflettere su cosa avrebbe potuto portare conforto o aiuto terapeutico. Volevo che nei miei oggetti provocatori di emozioni si potessero ritrovare l'empatia e l'ascolto che, a volte, si perdevano nella vita reale, ed erano proprio quelle le qualità che avevo cercato di riprodurre nel mio fiore dall'intelligenza sì artificiale, ma dalle intenzioni profonde.

Perso nei miei pensieri, non ho sentito Arthur arrivare alle mie spalle. Ride vedendomi sobbalzare.

«Molto divertente...»

«Mi dispiace», fa lui, con una faccia che dice il contrario. Pare piuttosto contento.

«Ho una notizia bomba...»

So che ieri doveva presentarsi davanti al giudice e ho fretta di sapere com'è andata.

«Ecco, è arrivato il verdetto!»

«E allora?» chiedo, impaziente.

«Duecento euro di multa e tre settimane di lavori socialmente utili.»

«Ah, però, mica niente...»

«Ma non ti rendi conto! Avrei potuto beccarmi migliaia di euro di multa e perfino la prigione, secondo l'avvocato. E tutto questo è grazie a te! La tua idea dei *legal walls* è stata geniale. Sono strasollevato. Non so come ringraziarti...»

«Non ti preoccupare, ho solo guardato qualche sito online, niente di che...»

Arthur mi mostra una nuova coreografia di saluti coi pugni, complessa ma molto creativa, che ha inventato. La approvo.

«Senti, bisognerà che mi metta sotto per guadagnare i duecento euro. Mia madre ha detto che lei non ci mette un centesimo. Dice che devo pagare da solo per le mie sciocchezze.»

L'immagine di Giulia mi si disegna nella mente. I miei occhi ne hanno conservato un'impressione molto gradevole. Credo di riuscire a «leggere» abbastanza bene le persone, con il mio radar di intuizione integrato, e quel che ho letto di lei mi piace. Il suo candore preservato, la sua freschezza, quella grazia di cui non sembra consapevole: è bella perché non sa di esserlo. L'avevo sentita sopraffatta dai dubbi, dalle preoccupazioni, come di fronte a un crocevia. So di cosa si tratta, ho vissuto quello stato d'animo in passato e mi ha commosso osservarlo in lei, come un entomologo che guarda con meraviglia la trasformazione di una crisalide...

«Tua madre ha ragione.»

Arthur alza le spalle, offeso.

«Tanto voi adulti vi mettete sempre d'accordo contro i giovani!»

«E se invece di fare il rivoluzionario, ti rimboccassi le maniche?»

Il tono scherzoso-provocatorio funziona con Arthur, soprattutto quando è in buona.

«A proposito, ti ricordi della signora col cane che è venuta l'altra sera e che faceva un mucchio di domande?»

Annuisco distrattamente, mentre mi rimetto al lavoro.

«Be', non bisogna davvero fidarsi di quella lì.»

Mi interrompo: «In che senso?».

«È la direttrice di un'associazione strana, «civilqualcosa», e, fidati di me, odia tutto quello che rappresenta il Bazar della zebra a pois. L'altro giorno è venuta qui per fare spionaggio, credimi, per sapere come metterti meglio i bastoni tra le ruote!»

«Ma smettila di farti del film, Arthur!»

Arthur mi racconta l'episodio della conferenza nell'aula magna della scuola, l'intervento di Louise Morteuil e il modo in cui si è scagliata contro il concept del mio negozio.

«Hai ragione, Arthur. Dobbiamo andarci coi piedi di piombo! Il modo più intelligente per giocare la nostra partita è lanciare delle novità che ci guadagnino il favore dei visitatori! A questo proposito, vieni che ti faccio vedere una cosa...»

Osserva con aria incuriosita i grandi e alti parallelepipedi da cui escono gli ultimi fili elettrici che non ho ancora finito di mettere a posto.

«Ti presento le Testa-totem!»

Mi gusto la sua espressione stupefatta.

«Che cosa ti sei inventato, ancora?»

Dietro il tono sarcastico, percepisco qualcosa che assomiglia più all'ammirazione, venata di una certa eccitazione.

«Sai che quello che voglio fare con il bazar è avvicinare le persone a un altro modo di utilizzare il loro cervello, aiutarle ad allargare il loro campo visivo, moltiplicare le possibilità di scelta, le opportunità, le potenzialità, perché tutto questo rende le persone più libere...»

«Hai detto niente!»

«Già! Ed è così che è nata l'idea delle Teste-totem: totem in libero accesso con cui si possono allenare le capacità del nostro secondo cervello, la parte che utilizziamo di meno: l'emisfero destro!»

«Fa' vedere!»

Accendo una delle Teste-totem.

«Non è finita, ma dovrebbe bastare per darti un'impressione generale.»

Il congegno si accende e appare una schermata d'avvio dal design accattivante. Tutto è molto intuitivo: Arthur capisce subito come navigare. Lo guardo fare, compiaciuto. Con l'indice naviga nella mia interfaccia tattile con destrezza e in men che non si dica si è creato un profilo e un avatar. È già pronto a testare le capacità di un «destro-di-cervello».

«Divertente, questo coso.»

Gli vengono proposte cinque Bolle, cinque aspetti su cui lavorare per sviluppare il proprio emisfero destro. Legge:

L'intuizione
«Mi fido del mio timone interiore.»

Le emozioni
«Sviluppo la mia intelligenza delle relazioni
e delle situazioni.»

La creatività
«Esercito la mia capacità di reagire e trovare soluzioni.»

L'audacia
«Supero le mie paure, i miei freni.
Getto il cuore oltre l'ostacolo.»

La percezione
«Cambio la mia percezione della realtà
sviluppando la mia acutezza sensoriale.»

«Da cosa bisogna cominciare?»
«Non c'è un ordine. Metterò regolarmente nuovi livelli, nuove sfide: ognuno avrà la possibilità di aumentare i suoi score e vedere i suoi progressi.»
«Fico. E quando costa?»
«Sarà gratuito...»
«Cosa? Ma devi averci messo centinaia di ore per mettere a punto queste macchine! Non vuoi guadagnarci su?»
Sorrido davanti alla sua reazione.
«Non è tutta questione di soldi nella vita, Arth'. Né di tempo speso. Con le Teste-totem voglio indurre le persone a interessarsi alle capacità dell'emisfero destro, che spesso sono sottosviluppate, perché la società dà ancora generalmente la preferenza ad approcci da emisfero sinistro. E per forza! Sono prospettive più rassicuranti: pragmatismo, razionalismo, quantità misurabili, effetti valutabili, pensiero lineare, che non ti scappa da tutte le parti...».
«Non capisco come potrebbe far paura, l'emisfero destro...»
«Fa paura, Arth', perché impone di entrare nel mondo

delle emozioni, del vissuto, delle idee fuori dai binari tracciati, e mille altre cose non misurabili, dai contorni sfumati e che spesso... non si possono controllare!»

«Ah, sì, mi dice qualcosa questa faccenda di voler controllare tutto...»

Arthur tira fuori dallo zaino un sacchetto di caramelle gommose alla fragola e si mette a mangiarle tutte una dopo l'altra. Per quanto riguarda l'eccesso di controllo, lui non è troppo a rischio... A ogni modo, dato che sembra attento e desideroso di saperne di più, proseguo.

«È l'inconveniente del lasciare troppo il comando al proprio emisfero sinistro! Si finisce per incagliarsi negli scogli del normo-pensiero, nell'eccesso di norma: spirito critico ipersviluppato, razionalizzazione a oltranza, sempre in un ambito limitato e prevedibile, che a volte non permette nemmeno di trovare le soluzioni ai problemi, perché la soluzione spesso è fuori dai confini ordinari, là dove non ce l'aspettiamo, nel pensiero *out of the box*. A me piace chiamarlo il pensiero magico...»

«Il pensiero magico? Ma che roba è, sembra un film della Disney!»

Per esprimere il suo disappunto tira fuori una lingua tutta rosa. E con quella lingua si permette di disprezzare Topolino! Si alza per prendersi un'acqua tonica nel mio mini-frigo. Deve avere sete con tutte le caramelle che si è sbafato.

«Non hai del tutto torto a parlare di effetto-Disney! C'entra qualcosa, in effetti. Grazie al pensiero magico permetti a te stesso di formulare idee, anche strampalate inizialmente, senza alcuna censura. Ti comporti come se avessi in mano una bacchetta magica capace di spazzare via tutti i limiti e gli ostacoli possibili. Il pensiero magico sblocca l'immaginazione ed è precisamente di questo che abbiamo bisogno per uscire da un problema o una difficoltà: *sbloccare*. Il cervello destro, per mettere in moto questa modalità geniale di pensiero, deve attivare i suoi circuiti con una grande dose di energia positiva e spontaneità.»

Sembra interessato.

«Me lo potrai insegnare?»
«Certo.»
«E tu, quindi, usi la parte destra del cervello?»
«Mmm... diciamo che, come dico spesso, sono... ambidestro! D'altronde è quello l'obiettivo: imparare a utilizzare entrambe le parti del cervello e avere accesso a tutte le loro capacità. Dividere una dall'altra sarebbe come costruire un nuovo muro di Berlino e giocare alla guerra fredda. Sconsigliabile! Io sono per l'unificazione. Al di là di questo, il lavoro sulla mente e sulle attitudini cerebrali nascoste, diverse da quelle intellettuali, permette di sviluppare la fiducia in sé, la propria capacità di rimettersi in pista, trovare aperture, soluzioni. È quel che è successo a me...»
«A sentirti, sembra che tu non abbia paura di nulla!»
«Certo che mi capita di avere paura! Gli audaci hanno paura, ma a differenza degli altri vanno avanti *con* la paura. La paura è una cosa normale e accompagna qualunque percorso di trasformazione. Ti racconterò una cosa: nel periodo della mia vita in cui tenevo molte conferenze, avevo una fifa tremenda all'idea di parlare in pubblico. Avresti dovuto vedere la mia faccia prima di salire sul palco.»
«E come hai fatto a superarla?»
Vado verso la macchina del caffè e mi preparo una bella tazza bollente. Mi appoggio alla scrivania e fisso Arthur da sopra la mug. Aspetta la risposta: questa faccenda di *come si supera la paura* sembra interessarlo parecchio.
«Con la paura *si convive*, Arth'! Bisogna imparare a conoscerla, invitarla spesso a cena! Parlarle. All'inizio è una sconosciuta, poi a poco a poco diventa più familiare. Poi un giorno ti accorgi che è diventata un'amica.»
Arthur sgrana gli occhi. Capisco che non l'aveva mai vista da questa angolazione.
«Del resto, è quello che dice anche Thich Nhat Hanh.»
«Chi?»
«Thich Nhat Hanh. Un monaco buddista vietnamita. Un saggio.»
Indico a Arthur un'immagine dell'uomo stampata insie-

me a una sua citazione che ho appeso al mio armadio, insieme ad alcune altre. Legge ad alta voce: «Le persone fanno molta fatica ad abbandonare le proprie sofferenze. Per paura dell'ignoto preferiscono soffrire perché è familiare».

Incalzo, perché capisca ancora meglio.

«Vedi, in realtà quello che fa davvero male è restare nell'immobilismo, in una situazione che non va bene. Per questo è importante osare! E l'audacia è un muscolo che va allenato. A poco a poco si amplia la propria comfort zone. Per quanto riguarda la mia difficoltà a parlare in pubblico... all'inizio era terribile. Ma non ho mollato. Mi sono esposto gradualmente alla paura. Ho cominciato e ricominciato. Ogni volta, avevo un po' meno fifa della precedente. A un certo punto ho anche deciso di informarmi un po' sulle tecniche che avrebbero potuto aiutarmi a essere più a mio agio. Un giorno sono salito sul palco e mi sono reso conto che ero come... un pesce nell'acqua!»

«Mica male, la tua storia!»

Gli restituisco un largo sorriso. Se ha capito lo spirito, sono contento.

«Mi aiuti?»

Installiamo tre Teste-totem nel bazar, appoggiate su alti sgabelli di design. Fanno un bell'effetto.

«Con queste spero anche di creare più affluenza nel negozio e fidelizzare nuovi clienti, oltre ai giovani che potrebbero essere attirati dalla tua Tagbox!»

«Spero. In ogni caso è originale come strategia di marketing.»

«Ci proviamo, dai...» dico con una strizzatina d'occhio.

Gli faccio vedere i volantini che ho fatto stampare. Sono rotondi; sopra, un QR code grafico a forma di cervello e un claim:

Avete il coraggio di sfidare il vostro emisfero destro?
Ogni giorno, al Bazar della zebra a pois,
Testa-totem in libero accesso gratuito.

«Hai sfoderato l'artiglieria pesante!»

«Non si ottiene nulla senza fare nulla, Arth'. È il mio modo per far parlare del bazar in modo diverso. Bene. Sei pronto a battere la città per distribuire tutta questa roba?»

Acchiappa un pacchetto di volantini, li ficca nello zaino e ne tiene una grossa pila tra le mani.

«Puoi contare su di me.»

SCENA 22

Opus posa le chiappe canine a terra per osservare lo strano comportamento della sua padrona che cammina avanti e indietro per l'ufficio, si agita e parla ad alta voce davanti alle quattro persone presenti nella stanza, tra cui quel signore alto che puzza di naftalina e sudore rancido. Che schifezza. L'umano le ha dato un foglio di carta e da allora annusa un'aumentata secrezione di particelle di stress che promana da lei, cosa che gli fa rizzare tutti i peli che ha in corpo. Della razza dei canidi flemmatici, Opus non sogna altro che una vita fatta di passeggiate olfattivamente interessanti, scodelle gustativamente appetitose e ogni tanto qualche avventura galante da parco che gli faccia fremere baffi e tartufo.

A quanto pare, lo stress si è trasferito anche nel bipede alto, perché l'uomo inizia a pescare nervosamente da un pacchetto di salatini di cui Opus è ghiottissimo. Tende l'orecchio al crepitio della plastica e immediatamente l'umano, che risponde a quanto pare al nome di Pollux, risale nella sua stima. Opus si avvicina a lui sperando in una benevola condivisione. Il tizio gli tende la mano con qualche deliziosa leccornia salata e gli assesta una carezza ben fatta in quel punto inaccessibile del collo. Opus lo ringrazia con qualche gioioso movimento di coda – può vantarsi di essere un cane con un certo *savoir-vivre*.

«Pollux, mi sta ascoltando?»
Abbacchiato, il colosso dall'aria gentile mette via il sac-

chetto di salatini. A quanto pare la festa è finita, pensa il bassotto andando a rifugiarsi nell'angolo opposto della stanza. L'atmosfera resta tesa. Louise è su tutte le furie.

«Se penso all'intervento che ho fatto in quella scuola l'altro giorno, che non solo non è servito a niente, ma ha avuto addirittura l'effetto opposto rispetto a quello che mi aspettavo! Vi rendete conto? Tutti gli adolescenti del quartiere hanno fatto esattamente l'opposto di quello che io dicevo e sono corsi al Bazar della zebra a pois per utilizzare la... la... Tagbox e farsi "customizzare", come dicono loro, borse e vestiti! È un fiasco per la nostra associazione, un vero fiasco! Il sindaco, che ha deciso di seguire la faccenda, mi chiede notizie... che figura ci faccio? E adesso questo Basile Vega che lancia le sue Teste-totem per agire sul cervello dei nostri concittadini: non c'è più religione! Inutile che vi spieghi cosa c'è di assurdo, scioccante e anche potenzialmente pericoloso in questa idea! Quel tipo non indietreggia davanti a niente pur di far parlare della sua attività e, quel che è peggio, usa come emissario quel ragazzo, già sbandato e influenzabile.»

Gli umani presenti nella stanza si animano e si mettono a parlare tutti insieme.

«Un po' di silenzio, per favore!»

Opus si immobilizza.

La sua padrona si gira verso il signore-gentile-dei-salatini.

«Pollux, tu che hai familiarità con l'informatica mi sembri la persona più indicata per questa missione: potresti andare al Bazar della zebra a pois e vedere che cosa c'è in quelle Teste-totem. Io non posso, perché mi conoscono già. Ti farai passare per un cliente qualunque che ha voglia di provare le macchine e poi ci farai un resoconto dettagliato... è l'unico modo che abbiamo per capire l'entità del problema e valutare il grado di pericolosità di questa iniziativa strampalata. Sei d'accordo?»

L'umano massiccio riflette un momento, mentre tutti gli sguardi sono fissi su di lui. Opus ha già visto quel tipo di rossore sulla guancia dei bipedi, ma non sa che cosa significa.

«Ok, Louise, lo farò. Se può aiutare l'associazione...»
Louise rivolge all'uomo un sorriso, o meglio una piccola smorfia che Opus conosce bene, un misto di soddisfazione venata di irritazione. L'assemblea si disperde. Una domanda assilla Opus: alla sua padrona verrà in mente di pensare alla sua ciotola? Conta di farsi presente alla sua attenzione agitandole sotto il naso la sua miglior espressione da cucciolo in cerca d'affetto.

SCENA 23

Arthur ha passato tutto il pomeriggio a personalizzare accessori. Non ha mai sentito una simile sensazione, un insieme di soddisfazione ed eccitazione; per la prima volta in vita sua, un'attività lo fa sentire davvero bene. Solo poche settimane prima non pensava nemmeno che fosse possibile: essere felici lavorando. Prima di conoscere Basile, gli sembrava di stare nella sua vita come in uno sgabuzzino al buio. Il Bazar della zebra a pois ha aperto le finestre e ora un po' di luce filtra dal suo futuro. Il desiderio di stupire Basile e renderlo orgoglioso gli dà le ali. Fino a quel momento aveva sempre sentito gli adulti parlare di lui come di un campione dei *procrastinatori* – dire fancazzista ad alta voce era troppo maleducato –, uno scansafatiche da Guinness dei primati. Il che non era del tutto falso, doveva ammetterlo. Ma ora c'è una cosa che lo eccita, gli occupa la mente, gli piace. Al bazar, non si riconosce più: è diventato ultra-reattivo, disponibile, responsabile, e guarda questo nuovo sé con la curiosità stupita e la distanza prudente che si adotta quando ci si ritrova di fronte a uno sconosciuto. Eppure, già da ora, gli piace quel che vede e quel che sente quando indossa i panni del «nuovo Arthur».

Cinque adolescenti, e perfino una signora, sono ancora in coda davanti alla Tagbox. Arthur lancia uno sguardo pieno di riconoscenza a Basile, indaffarato attorno alle Teste-totem. L'operazione dei dépliant col QR code è stata un successo! Basile aveva ragione: le Teste-totem hanno portato un sacco di gente in negozio. Le persone vengono per provarle gratuitamente, ne approfittano per fare due chiacchiere nell'angolo-spuntino e, conquistate dallo spirito del luogo, finiscono per comprare uno degli oggetti-provocatori in vendita. Arthur ammira la strategia di Basile e prova per lui un sincero rispetto.

Il rispetto.... è quello il punto dolente tra lui e il resto del mondo, in particolare i professori. La maggior parte di quelli che hanno incrociato il suo cammino non hanno visto in lui altro che una testa calda, da cui potevano venire solo guai. Almeno, questa era la sua impressione, ed era così tenace che si era appiccicata a lui e non andava più via. Per quei *funzionari della pubblica istruzione* – un'autorità a cui Arthur faticava a sottomettersi, non riconoscendole alcuna vera legittimità – non c'era nulla da approfondire: Arthur non valeva una cicca, punto e basta. «Un disastro.» Un verdetto, una sentenza, un sigillo d'infamia che si stampava sull'alunno e sull'individuo in una confusione devastante tra i due piani. Quello che Arthur leggeva nello sguardo delle persone era disprezzo, rifiuto. Dava fastidio, era un peso. Non avevano voglia di occuparsi di lui. E allora a che serviva sforzarsi? Partiva da troppo lontano per risalire la china: sarebbe stata fatica inutile. Arthur riconosceva di non essere un tipo facile. Ma come spiegare che l'insolenza di cui si mostrava capace a momenti era solo una protezione, una corazza per non far vedere fino a che punto lo faceva star male essere giudicato in quel modo? Come far capire che dietro la sua maschera da ragazzo forte e imperturbabile c'era una sensibilità a fior di pelle che non attendeva in fondo altro che questo: un segno di interesse, una piccola spinta per avere il coraggio di rimettersi in gara...

Arthur scaccia i pensieri sgradevoli per tornare a quelli, ben più gratificanti, del momento presente. Vede aprirsi la porta e entrare sua madre. Giulia va dritta verso di lui con un grande sorriso e lo abbraccia forte. Arthur adora quando è affettuosa; nonostante questo, indietreggia un po' imbarazzato da quella effusione in pubblico: ci sono pur sempre vari compagni di scuola che gironzolano per il negozio. Giulia capisce e gli sussurra: «Fa' come se non ci fossi!».

"Sarà dura", pensa Arthur, intenerito comunque dallo sforzo di discrezione di sua madre.

«Sono venuta a parlare con Basile, sai, per il progetto...»
«Il detonatore?»
«Sì!»

Sua madre gli augura in bocca al lupo per la fine del pomeriggio e Arthur la vede dirigersi verso le Teste-totem, dove Basile è impegnato a spiegare tutte le funzioni a un tizio alto e un po' strano: con quei capelli troppo lunghi, dritti e crespi, sembra che si sia incollato una parrucca sul cranio.

Appena Basile scorge Giulia, si interrompe e le riserva un'accoglienza calorosa. Arthur è contento che il suo capo e sua madre vadano d'accordo. Si sono messi a lavorare insieme a un progetto che sembra mettere Giulia di buonumore. Se solo riuscisse a essere meno nervosa, sarebbe fantastico! Non ce la fa più a sentirla perennemente in tensione e lo preoccupa vederla così infelice dopo la separazione. Quasi quasi stava per essere contento della storiaccia del commissariato: gli aveva fatto così bene vedere sua madre per una volta *dalla sua parte*, pronta a difenderlo, piena di un amore per lui che, a volte, faticava a sentire. Quella faccenda lo tormentava più di quanto volesse ammettere: se lui stesso si considerava un ragazzo deludente, come poteva sua madre provare affetto per un figlio che corrispondeva così poco a ciò che ci si aspettava da lui?

Giulia gli fa un segno di incoraggiamento con la mano. Gli fa piacere sentire il suo sostegno. Poi, quando scorge il signore alto dai capelli gialli, un'espressione stupita le si disegna sul volto. Arthur li guarda sorpreso salutarsi con due baci sulla guancia. Si conoscono? Ma pensa un po'... Arthur si chiede da dove venga quella conoscenza. Sta per andare verso di loro per sentire cosa si dicono quando una ragazza si avvicina a lui. È Mila. Hip-hop nel suo petto. Recupera un respiro normale e finge nonchalance: non ha nessuna voglia di essere il primo dei due a svelare la cotta. La bella ragazza dalla pelle ambrata è vestita con cura dalla testa ai piedi. Lui trova che abbia un bello stile, anche se non le serve certo tirarsi in quel modo per essere bella. Quando incrocia lo sguardo di Mila, è felice di leggerci un certo rassicurante candore. Potrebbe giurare che è un po' intimidita. Lo lusinga vederla impacciata davanti a lui e nota con un sottile piacere il tremolio della sua voce quando finalmente apre la bocca per parlare.

«Me lo faresti uno dei tuo graffiti su questa borsa?»

Mentre lui annuisce con un bel sorriso, Mila gli tende una bella borsa a secchiello grigio chiaro. Dai celebri loghi che la percorrono, Arthur riconosce subito un'imitazione Louis Vuitton. Prende l'accessorio e porta Mila verso la cabina della Tagbox, con la testa già piena di idee. Il suo disegno farà un bellissimo contrasto su quel fondo chiaro. Sente che la sua popolarità schizzerà alle stelle...

SCENA 24

Pollux entra in casa in preda a sentimenti contrastanti. La visita al Bazar della zebra a pois gli ha confuso le idee. Da un lato, Louise Morteuil sarà contenta: ha un sacco di materiale per alimentare la sua missione. Dall'altro, non sa cosa pensare di questo negozio così diverso dagli altri. Percepisce benissimo che Louise Morteuil ha il dente avvelenato verso quel genere di attività, troppo strane, troppo originali. Conosce anche la sua modalità, le armi che metterà in campo per limitare l'espansione e il «potere di influenza» delle iniziative condotte da quel Basile Vega: un lento lavoro di erosione per far crollare la sua reputazione in città; la potenza della parola scritta attraverso «La Dépêche du Mont» e il sito internet dell'associazione, molto visitato; tutte le varie azioni intraprese presso la cittadinanza per informare la comunità e orientarne le scelte... Del resto è proprio quell'attivismo che lo aveva affascinato all'inizio nell'associazione: un ruolo che aveva un senso, in prima linea rispetto a ciò che d'importante accade nella quotidianità dei cittadini. Un ruolo con un po' di spessore.

Nei dieci anni trascorsi da Olfatum si era sempre sentito trasparente, come se non riuscisse ad attirare su di sé alcuna attenzione. Nessuno cercava di stringere legami e tutti si rapportavano a lui come fosse uno strumento: era utile quando c'erano problemi informatici, per tirarli fuori dai guai, tutto qui. Per quei profumieri, il computer era diventato un indispensabile compagno di squadra. Era per il naso quel che la mano è per la mente: un prolungamento.

Malgrado tutti i suoi sforzi di socializzare, però, i colleghi lo tenevano sempre a un'educata distanza, che lo feriva. Quando lo avevano soprannominato Pollux, come il cane del cartone animato *La giostra magica*, aveva fatto finta di trovarlo divertente, per non creare tensioni e perché se ti danno un soprannome almeno vuol dire che esisti, in qualche modo... Ma, dentro, il suo amor proprio ne aveva sofferto.

L'unica che si mostrava amichevole con lui era Giulia. Lei si prendeva il tempo per fargli un sorriso, scambiare due parole, a volte perfino condividere un caffè. All'inizio lui aveva apprezzato. Poi Giulia aveva iniziato a piacerle. Poi si era proprio innamorato. Con il passare del tempo, era diventata ai suoi occhi una specie di reincarnazione di Venere, la perfezione fatta persona. Il suo amore si era trasformato in muta adorazione. Proiettava su di lei un ideale che mai avrebbe potuto trovare nella realtà. Nutriva quell'amore sotterraneo con una dedizione costante, che lo faceva vibrare e alimentava il suo bisogno di intensità e di assoluto. Non era mai riuscito a tenersi una donna a lungo, lui che viveva come uno scapolone, con le sue abitudini, in un disordine che era l'unico a poter tollerare.

Quando l'aveva vista arrivare al Bazar della zebra a pois, si era sentito tutto scombussolato. Che cosa ci faceva lì? All'inizio era stato contento di vederla. Si era messa un bel vestito, quello rosso a disegni bianchi e neri, elegante e luminoso. Un trucco discreto rendeva ancora più graziosi i suoi lineamenti. E, soprattutto, il rossetto color granata dava un irresistibile turgore alle sue labbra. Aveva dovuto conficcarsi di nascoso le unghie nel palmo delle mani per scaricare la tensione causata da quell'incontro inatteso. Il suo turbamento era aumentato quando si era accorto che si era messa il profumo! Giulia non lo faceva mai, anche se poteva sembrare strano per un naso. In realtà, a quanto diceva, proprio a causa del suo lavoro finiva per avere bisogno di «neutralità olfattiva» per riposare i suoi sensi. In quel momento Pollux aveva riconosciuto note di limone, bergamotto e cipresso. Squisito? Ma perché si era spruzzata del profumo?

Allora il suo sguardo si era spostato da Giulia a Basile, da Basile a Giulia. E l'evidenza si era imposta. Era per lui che era venuta. «Lavoriamo a un progetto...» aveva confidato lei alla fine, con un tono confidenziale, come se parlasse di un segreto. Lo aveva reso partecipe con una strizzatina d'occhio, ma lui non si divertiva per niente. Li aveva guardati bene, quei due, e si era sentito immediatamente geloso della loro palese complicità: quella specie di sincronia naturale, di emulazione spontanea. I due erano felici del contatto reciproco, si toglievano la parola di bocca nell'entusiasmo dello scambio, si illuminavano d'eccitazione all'idea di portare avanti il loro progetto comune. La loro compresenza creava scintille quasi visibili. Se ne rendevano conto? No. In generale, le persone fortunate sono sorde e cieche.

Basile gli aveva molto cortesemente stampato tutti i risultati delle sfide che era riuscito a vincere sulle Teste-totem e la sua gioiosa benevolenza aveva finito per metterlo proprio di cattivo umore. Poi, dopo averlo salutato con gentilezza, Basile si era eclissato con Giulia nell'ufficio-atelier al piano di sopra, lasciandolo lì, da solo, con la sua crescente frustrazione e un'amara e profonda sensazione di vuoto.

Di fronte ai fogli sparsi sul tavolino di casa, Pollux si chiede quale feedback potrà far avere a Louise Morteuil. È costretto ad ammettere che l'esperienza con le Teste-totem gli è piaciuta. In quanto esperto di informatica, deve riconoscere che l'interfaccia creata da Basile è accattivante, ingegnosa, e le sfide sono al tempo stesso divertenti e istruttive.

Guarda il grafico a forma di tela di ragno – risultato di un test che valuta il modo di utilizzare il proprio emisfero destro del cervello secondo i cinque grandi criteri: per il momento, le sue capacità si attestano su una media piuttosto bassa, ma il commento analitico è redatto in modo tale da essere incoraggiante e suscitare il desiderio di allenarsi e migliorare.

Il principio della Testa-totem è di dare accesso a contenuti brevi e attraenti che permettano di comprendere meglio le potenzialità dell'emisfero destro e il vantaggio di utilizzarlo di più.

Pollux aveva apprezzato il piccolo professore virtuale che faceva da guida nell'applicazione della macchina. Seguendo cinque direttrici, si potevano sviluppare le capacità del proprio emisfero destro.

Innanzitutto, l'intuizione.

Il professore virtuale aveva spiegato, a colpi di fumetti colorati, che l'intuizione non aveva nulla a che vedere con la logica né con alcun processo intellettuale.

Voi «sapete» cose senza sapere come fate a saperle. È la porta del sesto senso: feeling, istinto, voce interiore, fiuto, premonizione, guida interiore, bussola interna...

La Testa-totem proponeva consigli pratici per sviluppare l'intuizione. Pollux si ricordava uno di questi: *Imparate ad ascoltare quel che vi dicono le vostre sensazioni, emozioni, impressioni.*

Pollux ignorava che *quelle cose* potessero parlare!

Poi era stata lanciata la sfida del giorno.

E se cominciaste a prestare davvero attenzione a ciò che è buono o meno per voi?

Pollux non si fa mai quel genere di domande. Seduto sul divano, si rende conto per la prima volta nella sua vita di quanto sia separato da ciò che davvero sente dentro di sé. Ogni giorno si alza e fa quel che deve fare. Si interroga il meno possibile su quel che sente. Probabilmente avrebbe troppa paura a scoperchiare il vaso di Pandora...

Nondimeno, la promessa della Testa-totem è allettante: a quanto pare, lavorando su sé stessi si possono scoprire potenzialità insospettabili e, forse, ci si può dare la possibilità di andare verso una strada migliore, più giusta, più gratificante... L'idea lo attrae e lo sconvolge al tempo stesso. Era talmente convinto, fino a quel momento, che nulla potesse cambiare!

Prende il foglio con gli appunti sulle emozioni. Ah! «L'intelligenza delle relazioni e delle situazioni»... è su questo che ha avuto il punteggio più basso. In effetti, non capisce perché le cose non funzionino tra lui e gli altri. Certo, è un po' orso; ma a parte questo gli sembra di essere gentile, disponibile, conciliante. Detto tra sé, gli piacerebbe «aversi per amico». E allora perché ha così poco successo nei rapporti umani? Le sue difficoltà relazionali lo fanno soffrire, ma non ha avuto il coraggio, fino a ora, di prendere davvero in esame la faccenda, troppo dolorosa.

Poco prima, al Bazar della zebra a pois, aveva preferito lasciar perdere l'allenamento emotivo per dedicarsi a quello sulla creatività.

Si era divertito con l'esercizio del livello 1 che proponeva di trasformare venti piccoli cerchietti in qualcosa di riconoscibile: un viso, il muso di un gatto, un sole, una ruota, i più facili... Per trovarne venti, aveva dovuto spremersi le meningi, ma che soddisfazione sentire stimolate le zone addormentate del suo cervello!

La schermata sull'audacia si era rivelata anch'essa stimolante, in particolare la domanda *Come superare le proprie paure e osare.*

Pollux si sentiva sclerotizzato nella sua vita. Fossilizzato come un insetto nell'ambra della routine. Il tema lo aveva intrigato.

Disegnate i contorni delle vostre abitudini, i muri che circondano la vostra comfort zone. L'audacia permette di spingere via i muri, aveva affermato il piccolo professore virtuale.

Gli era piaciuta quell'idea.

Non si possono spingere via i muri se non si sa perché li si vuole spingere. Mettete a fuoco le vostre motivazioni. Faranno da leva per il passaggio all'azione.

Cambiare. Agire... Pollux ha il cervello in ebollizione. La sua vita è da tanto tempo regolata come un metronomo: scandita, senza sorprese. *Le vite ordinate non hanno cassetti.* Quella strana idea si disegna nella sua mente, come se il suo inconscio si esprimesse e si ribellasse bruscamente contro quel modo di vivere.

Pollux presagisce che probabilmente servirebbe una riflessione di fondo sulla sua vita. Forse è addirittura indispensabile?

Annotate le vostre idee, i vostri pensieri, le vostre riflessioni, anche le più strane.

La Testa-totem dice che è un buon inizio per innescare un processo di trasformazione neuronale: la miccia di un nuovo modo di pensare. Non ne percepisce davvero l'utilità. Ma la Testa-totem dice anche che non bisogna cercare di capire tutto né razionalizzare tutto.

Allora scriverà.

Allenare il proprio emisfero destro permette di sviluppare la propria acutezza sensoriale, aveva spiegato il piccolo professore virtuale.

È attraverso i cinque sensi che vi fate un'idea del mondo. Affinarli vi permette di rendere più sottile la vostra percezione della realtà. Per questo, allenatevi ad ascoltare di più i suoni che vi circondano, a mangiare con consapevolezza, a guardare da diverse prospettive, a sentire sotto le dita i dettagli delle texture, le variazioni di temperatura. Osservate la ricchezza di quel che percepite e delle vostre sensazioni!

Permettendovi di essere più presenti a voi stessi e al momento presente, questi sensori di cui siamo dotati aggiungono vita alla vita.

Aggiungere vita alla vita. L'espressione aveva colpito Pollux. Deve essere piacevole sentire più intensamente...

Spinge via i fogli, un po' stanco ora. Tutte quelle idee che scavano solchi per farsi strada dentro di lui, non è come se niente fosse. Forse alla fine Louise Morteuil ha ragione a diffidare delle attività del bazar: l'esperienza proposta da Basile non è per nulla banale. E in quel momento preciso, rivede fugacemente il viso di Giulia, felice nel condividere un progetto segreto con Basile. Basile che è riuscito a farla contenta, lui. Già solo per questo, sosterrà Louise Morteuil.

Giulia sente una mano scuoterla vigorosamente. Esce a fatica dal suo stato comatoso e apre gli occhi.

«Ma', ma'! Svegliati! C'è un coso che brucia nel forno! Ho spento, ma devi venire a vedere!»

Giulia si alza di scatto e corre in cucina. Con un'imprecazione soffocata afferra il primo strofinaccio che trova, apre lo sportello del forno e indietreggia bruscamente, investita da una nube di calore e fumo nero. Tira fuori quello che doveva essere una pizza ai quattro formaggi e che finisce miseramente nella spazzatura senza passare dal via. Arthur ha guardato la scena senza dire una parola, ma Giulia sa benissimo a che cosa sta pensando. In quegli ultimi tempi è completamente fuori fase: di giorno lavora da Olfatum e passa la notte a fare ricerche per il suo progetto personale...

Mangia, beve, dorme con il detonatore sensoriale sempre in testa. Poco prima, esausta, si era detta che avrebbe chiuso gli occhi solo per un istante. Si era messa sul divano e... si era addormentata profondamente.

«Che si mangia, ora?»

Un adolescente affamato non dà prova di grande empatia; tutto quello che vuole in quel momento è che sul tavolo si materializzi qualcosa di commestibile. E in fretta, se possibile. Giulia si sente in colpa per non essere una di quelle madri che si prendono il tempo di preparare succulente cenette, manicaretti e pasti equilibrati, «fatti-come-si-deve». Per l'ennesima volta, mette mano al portafoglio e tende una banconota a Arthur, con una smorfia di supplica e scuse al tempo stesso. Non c'è bisogno di sottotitoli perché lui capisca che deve andare a procacciare la cena... E lui non sottilizza. Esce di casa in un nanosecondo, non senza essersi dato però un'occhiatina allo specchio dell'ingresso per sistemarsi i capelli prima di varcare la porta – non bisogna confondere velocità e precipitazione.

Quando sente sbattere la porta, Giulia si lascia cadere su una sedia e contempla le sue note sparse sul tavolo con, in mezzo, il computer portatile di cui sente la batteria incandescente. Per forza, ormai non lo spegne nemmeno più!

In quegli ultimi giorni ha tentato di riunire i pezzi sparsi del suo ambizioso puzzle: l'idea del detonatore sensoriale, un diverso utilizzo dei profumi, il desiderio di aiutare le persone a ritrovare stati d'animo positivi grazie a un innesco olfattivo...

Giulia si era immersa in argomenti che conosceva poco fino ad allora, in particolare in quel che chiamano in psicologia gli «stati-risorsa»: sentirsi calmi, forti, fiduciosi, in pace, gioiosa... Tutta una *palette* di condizioni interiori positive!

Eppure lei sapeva per esperienza che quelle negative potevano prendere molto velocemente il sopravvento! Ansia, cattivo umore, collera, stanchezza, agitazione, scoraggiamento...

Era davvero convinta che i profumi potessero aiutare a riconnettersi con sentimenti e sensazioni felici.

Solo che un'intuizione non era sufficiente: ci volevano elementi probanti.

Giulia aveva sentito la necessità di interessarsi un po' più da vicino al funzionamento del cervello, approfittando delle più recenti scoperte delle neuroscienze. Si era così immersa nel testo di Rick Hanson, *Felice come un Buddha: la scienza della mente per vivere più sereni e rilassati*. Sul frontespizio si era annotata le idee principali.

Le nostre esperienze di vita lasciano tracce durevoli nel nostro cervello e hanno perfino il potere di trasformare la nostra struttura neuronale.

Immaginava il suo cervello come una massa di pongo cui non ci si fosse preoccupati di dare una forma precisa. Quanto ai circuiti dei suoi ricordi e delle sue sensazioni positive, dovevano essere in disordine come la sterpaglia di un giardino abbandonato! Non era strano che facesse fatica a ritrovarli...

Quando il nostro cervello si focalizza su eventi negativi, questi eventi imprimono un'impronta negativa durevole e condizionano negativamente la nostra percezione della realtà.

Aveva sottolineato la frase tre volte.

Viceversa, focalizzando la nostra attenzione sul positivo, possiamo riprogrammare in profondità il nostro sistema percettivo e ritrovare molto più facilmente stati d'animo di calma, gioia e fiducia.

I ricordi felici, persi da qualche parte nei meandri della sua pigra memoria, erano di colpo apparsi a Giulia come un tesoro sepolto dentro di noi, che non riuscivamo a far fruttare.

Abbiamo oro nel nostro cervello e non ce ne facciamo nulla.

Giulia aveva riflettuto su questo concetto la notte prima e aveva sentito qualcosa scattare dentro di lei. Mentre stava per scivolare nel sonno le era apparsa all'improvviso l'immagine di un cercatore d'oro intento a dissotterrare un tesoro con una piccozza. Aveva subito riacceso la luce per appuntarsi l'idea: il detonatore sensoriale avrebbe dovuto svolgere il ruolo della piccozza, per scavare nelle memorie positive e farle risalite in superficie!

Giulia tossisce ancora per il fumo della pizza carbonizzata. Va ad aprire la finestra, poi torna sul divano e continua a leggere con tutta la concentrazione di cui è capace nonostante la fatica accumulata. Il contenuto di quelle pagine risuona in modo così giusto dentro di lei! Sì, ne è convinta: lasciare il proprio cervello impregnarsi di umori negativi, ruminando e continuando a tornare su cattive esperienze mal digerite, ha evidenti effetti collaterali sulla salute fisica e psichica, e provoca stress e malessere. Legge, sottolinea e sta per appuntarsi un'altra idea importante quando il suo cellulare si mette a suonare.

«Ma', che prendo? Involtini di pollo o maiale?»
Sospira. Non riesce a capire che non le importa nulla?
«Quello che vuoi, Arth'.»
Aaah, la sua idea è svanita. Inspira profondamente e tenta di concentrarsi per ritrovarla. Eccola! L'ha ritrovata. Comincia a scrivere e il cellulare suona di nuovo.
«Acqua frizzante o acqua tonica?»
«Arthur! Ti ho detto che mi va bene tutto, scegli tu!»
«Non ti arrabbiare!»
«Non mi arrabbio, ma...»
«Ma cosa?»
«Niente. Ci vediamo tra poco.»
Mette giù, sentendosi in colpa per essere così nervosa. Arthur cerca di fare bene e lei perde la pazienza; invece è lui che avrebbe il diritto di pretendere un maggior coinvolgimento da parte sua e qualcosa di meglio da mangiare che cibo da asporto e surgelati.
Non possono continuare in quel modo...
Lancia con negligenza la penna sul tavolo. Sente che, per quella sera, non potrebbe andare oltre, a ogni modo. Deve guardare in faccia il vero problema: non potrà continuare a portare avanti parallelamente il suo lavoro in azienda e le ricerche per il progetto sul detonatore sensoriale. Non sopporta più quella sensazione di essere sempre con l'acqua alla gola: lo sa, è ora di prendere delle decisioni. Decisioni importanti per lei. E per il suo futuro.

Arthur torna con un grosso sacchetto di vettovaglie.
«Posso mangiare davanti alla tele?»
Senza aspettare la risposta, si butta sul divano aprendosi una lattina di acqua tonica. Lei non ha le energie per lanciarsi nella sua consueta filippica antizuccheri e decide di mollare il colpo. "Per un momento soltanto", pensa, "solo stasera."
Si siede accanto al figlio per condividere la postazione davanti alla TV e, con una leggerezza che non sperimenta da tempo. Finalmente «lascia correre».

SCENA 26

"Basile, non serve a niente arrabbiarti", mi dico stringendo i pugni davanti alla postazione vuota delle Teste-totem. Non riesco a farmela passare: otto giorni dopo sono ancora scottato dalla decisione del comune.

Ho visto sbarcare in negozio un agente incaricato di verificare le attività in seguito a una denuncia anonima in cui si esponevano diverse lamentele. Ho provato a protestare, ma il funzionario doveva applicare la procedura.
«Un'indagine è la cosa più regolamentare che esista, signor Vega. Siamo qui per garantire la sicurezza dei nostri amministrati e vigilare sull'ordine pubblico.»
L'agente aveva esposto i fatti tornando sull'increscioso incidente sopravvenuto due settimane prima, nel bel mezzo di un sabato di festa quando una madre infuriata era sbarcata nel Bazar della zebra a pois, tirandosi dietro sua figlia, afflitta, e brandendo una borsa Louis Vuitton originale, sfigurata da un graffito di Arthur. Aveva fatto una sceneggiata.
Aveva gesticolato, urlato, prendendo a testimoni le persone presenti. Arthur aveva immediatamente riconosciuto l'errore e si era scusato mestamente: non pensava certo che quella borsa fosse originale, pensava si trattasse di un'imitazione. La madre lo aveva insultato in ogni modo, quasi soffocando di indignazione. Una borsa da duemilaseicento euro, regalatale da suo marito per i dieci anni di matrimonio! Avevo avuto anche io la mia dose di imprecazioni, ma

quel che mi aveva ferito più di tutto era stata l'accusa di avere una cattiva influenza sui giovani.

Mi ero sentito dare dell'irresponsabile, dell'individuo dannoso e pericoloso. La donna aveva esortato a gran voce i clienti a non mettere più piede nel bazar: una catastrofe per l'immagine del negozio, che si era svuotato in pochi minuti. Poi aveva preteso il rimborso totale del danno ricevuto. Risultato: una perdita di duemilaseicento euro e un gran fracasso per un disegno venduto a quindici. Si stringeva il cuore a pensarci.

Il fatto di aver assunto un ragazzo che aveva avuto guai con la giustizia e aver incentivato in lui l'attività di writer appariva evidentemente come un affronto alla municipalità e non deponeva a mio favore.

Quasi logicamente, dunque, la denuncia si era estesa alle Teste-totem, sospettate di esercitare una cattiva influenza su menti giovani, ingenue e influenzabili.

L'agente incaricato dell'indagine sulla sicurezza sottolineava come fosse piuttosto contestabile lasciarle in libero accesso: la municipalità voleva assicurarsi della moralità del loro effettivo contenuto e verificare per quali età quei contenuti fossero adatti – 10, 12, 16, 18 anni... come per i film e i videogiochi.

«...ma guardi che lì dentro non c'è davvero nulla di pericoloso, glielo assicuro!» avevo protestato.

L'agente era rimasto di marmo.

«Non ho motivo di non crederle, signor Vega, ma dobbiamo verificare. Procederemo all'esplorazione del contenuto e stileremo un rapporto, che poi verrà studiato da una commissione, la quale valuterà se quelle macchine sono o meno potenzialmente pericolose. Se verranno giudicate inoffensive le verranno restituite e dovrà solo rispettare le norme d'accesso che le saranno imposte.»

«Ma... quanto tempo ci vorrà?»

Naturalmente l'agente si era mostrato piuttosto evasivo sui tempi dell'indagine, e avevo visto partire le mie tre Teste-totem a bordo di un camion della prefettura con la certezza che non l'avrei riviste per diverse settimane. Avevo avuto, tramite Arthur, dei riscontri sull'eco di quella cattiva pubblicità nella cittadinanza: alcuni compagni di scuola gli avevano raccontato che i genitori avevano proibito loro di rimettere piede nel negozio, e in effetti, da allora, la Tagbox era negletta. Quanto ad Arthur, si sentiva terribilmente in colpa, e avevo l'impressione di aver perso d'un colpo tutto quanto avevo ottenuto con settimane di sforzi per rinforzare la sua autostima e la sua motivazione. Credo che fosse quello l'aspetto che mi faceva più arrabbiare: rivedevo l'Arthur taciturno e disilluso dei primi tempi.

A queste preoccupazioni si aggiungeva un pensiero in più, che poteva sembrare banale, ma che mi tormentava: il mio rapporto con Audrey. Era una giovane donna piena di freschezza e i momenti che passavamo insieme erano piacevoli, ma mi preoccupava sentirla legarsi a me più di quanto non avrei voluto. Mi sentivo in difetto per non essere capace di offrirle ciò che si aspettava.

Sento i miei pugni serrarsi nel fondo delle tasche; spero che la mia camminata a passo rapido attraverso le strade di Mont-Venus mi aiuti a tranquillizzarmi. Proprio in quel momento ricevo un messaggio di Audrey, il secondo della mattina. Lo leggo rapidamente. Mi fa piacere, ma mi mette paura: il peso delle sue attese mi si chiude come un nodo scorsoio intorno al collo. Confusamente, sento che non ne ho voglia. La libertà è il mio primo valore. Audrey mi piace, ma non c'è niente di più terribile di quando la tua amante ti *piace* e basta.

Rimetto il cellulare in tasca, le risponderò più tardi. Devo fare in fretta, ho appuntamento con Giulia. Partecipare al suo progetto è una boccata d'aria fresca, potrei dire addirittura che mi entusiasma. Sento che ha trovato una pista interessante ed è gratificante per me aiutarla a far sbocciare le sue idee. Sì, questa è la parola giusta: gratificante. Pensando a lei, c'è un'espressione che mi viene in mente: «Incontro-scintilla». È esattamente così: al contatto con lei, mi accendo, mi animo. Mi ispira e provoca reazioni quasi chimiche, non saprei spiegarlo altrimenti. È eccitazione? Infatuazione? Il desidero di misurarmi con un altro ego? Di superarmi per esistere ai suoi occhi?

Perché non mi succede la stessa cosa con Audrey? Eppure è affascinante, intelligente, adorabile... Perché quel «qualcosa in più» lo sento in Giulia e non in lei?

Incrocio per strada alcune persone che mi lanciano occhiate oblique. Il vantaggio di tutti questi incidenti è che hanno comunque contribuito a farmi conoscere dagli abitanti del posto. "Vedere il positivo, vedere il positivo", mi ripeto cercando di convincermi.

Intravvedo Giulia attraverso la vetrata del caffè, china sui suoi appunti. Una ciocca ribelle è sfuggita dalla molletta e lei cerca di rimetterla a posto dietro l'orecchio: fatica sprecata. La scena mi fa sorridere. Alza lo sguardo e mi vede, mi rivolge un saluto gioioso e mi fa segno di entrare. Sono colpito dalla sua somiglianza con Arthur. Quei due hanno qualcosa che mi commuove. Sono stupito dall'affetto istintivo che mi suscitano. Spingo la porta del locale per andare da lei.

«È un piacere vedere gente di buonumore!» osserva il cameriere mentre posa sul tavolo i nostri caffè.

Nessuno di noi due si era reso conto di quanto le rispettive espressioni fossero gioiose.

SCENA 27

Giulia è felice di essere lì con Basile. Gli è molto riconoscente del ruolo che sta giocando nel suo progetto e delle illuminazioni che ha suscitato.

Eppure, quella mattina percepisce in lui un umore diverso dal solito. Quando glielo fa notare, lui le racconta senza esitazione i suoi problemi con il comune. Lei si indigna: lo trova profondamente ingiusto. È vero che all'inizio era stata anche lei un po' scettica sul concept del Bazar della zebra a pois, consapevole del fatto che un *negozio comportamentista* poteva disturbare, o quantomeno suscitare dubbi e perplessità. Ma non era forse proprio in questo l'interesse di un posto del genere?
Lei stessa era sempre più stanca di quell'atteggiamento uniforme, massificato e spesso acritico del *prêt-à-penser*: i programmi, i contenuti, le mode tendevano a dettare una modalità monolitica di pensare, mangiare, vivere. E in mezzo a tutto ciò, quel travolgente invito al benessere e alla felicità, che finiva per essere fastidioso, quasi colpevolizzante...
Giulia non soddisfaceva le caselle di «quel che si riteneva si dovesse fare» per rientrare nei criteri che definiscono le persone felici ed equilibrate. Come confessare ad alta voce, per esempio, che non era mai riuscita a fare un corso di yoga perché non riusciva a stare ferma sul posto per più di due secondi? Come confessare che non le piacevano né la quinoa né il bulghur, che li trovava insipidi, malgrado tutte le virtù benefiche per la salute? O ammettere a chi lo voles-

se sentire che no, non faceva l'amore tre volte a settimana, come scrivevano sulle riviste femminili... per quello ci vorrebbe un compagno poi, no?

Giulia si accorge che Basile ha smesso di parlare e la guarda sorridendo con indulgenza.

«Non stavi più ascoltando.»

«Invece sì!»

In realtà era vero, aveva smesso di ascoltarlo. Per un momento, si era lasciata distrarre dalla geografia del suo volto. Non era più lui che guardava, ma un paesaggio vivente: il movimento delle labbra che cullano come lo spettacolo rasserenante di un corso d'acqua, il rilievo maestoso del naso come una scogliera, la barba giovane che si indovina tenera al tatto come un'erba appena nata, il bagliore degli occhi come una moneta caduta in fondo all'acqua...

Le capita spesso di fare quel genere di fantasticherie. Di colpo i suoi sensi la trasportano e lei non ne controlla più il flusso. Ha una sensibilità esacerbata di tutti i sensi, l'olfatto in primis.

«Ah, eccoti di ritorno. Ti avevo persa per un attimo...»

«Scusa.»

Non sembra dispiaciuto, piuttosto divertito. Lei spera che non si sia accorto della sua osservazione silenziosa; ma dopotutto che importa.

«Ho una grossa novità.»

«Ah, sì?»

«L'azienda ha accettato di farmi passare al part-time.»

Basile le fa i complimenti. Giulia non ha bisogno di spiegargli nulla, lui sa benissimo quanto quel passaggio consolidi l'importanza che lei accorda al loro progetto di detonatore sensoriale.

«È una tappa importante, non credi? Quantomeno avrò tempo in più per dedicarmi alle mie ricerche e procedere davvero...»

«Sì, e magari smetterai anche di far bruciare le pizze!»

Giulia arrossisce.

«Oh! Arthur ti ha raccontato... è che non ho dormito

molto in questi ultimi tempi. Stava diventando impossibile...»

Giulia passa sotto silenzio la sua preoccupazione: ciò che guadagnerà in ritmi e qualità di vita, lo perderà almeno momentaneamente in potere d'acquisto e, con un salario decurtato, arrivare a fine mese rischia di diventare un po' problematico. Ha paura, ma nonostante questo c'è qualcosa di ancora più forte: la sensazione inebriante di avere finalmente il coraggio di provocare il cambiamento, di andare nella direzione in cui il suo talento potrà acquisire senso, utilità, ampiezza... Pagherà il prezzo della sua audacia? Forse. Ma si può dire di aver vissuto se non si sono corsi dei rischi?

Basile china la testa verso gli appunti di Giulia.

«Vedo che sei andata avanti.»

«Sì, anche se non so ancora che forma prenderà l'oggetto. Quel che è sicuro è che non si tratterà di una pratica passiva di rilassamento in cui ci si lascia andare grazie ai profumi, ma di una pratica attiva e regolare, in cui, giorno dopo giorno, si fanno riaffiorare i ricordi positivi alla coscienza aiutandosi con dei profumi per innescare le reminiscenze.»

«E cosa si fa di quei ricordi positivi?»

«Li si affida scrupolosamente a un "giornale di bordo" sensoriale! Li si rilegge, ci si impregna, per far rivivere in sé gli stati risorsa positivi che avevano saputo generare.»

«Il che ha per effetto...»

«...di riprogrammare in modo durevole il cervello in positivo! Vorrei chiamare questo metodo "più-più". *Più* fai pratica con il detonatore sensoriale, *più* alleni il tuo cervello a capitalizzare sul positivo. Conclusione: diventa sempre più facile ritrovare uno stato interiore sereno e positivo!»

Lui sfoglia il libretto sul «cervello felice» e chiede a Giulia come immagina il meccanismo per la propulsione dei profumi.

«Ci ho riflettuto. Tecnicamente sarebbe troppo difficile inserire in un oggetto a fruizione personale un numero di cartucce sufficiente per proporre centinaia di odori specifici...»

«Dunque?»

Lo sente pendere dalle sue labbra e quell'insaziabile curiosità per la risoluzione dei problemi la fa sorridere.

«...ebbene, ho deciso di aggirare l'ostacolo proponendo solo una dozzina di cartucce olfattive abbastanza potenti per trasportare ognuno nei suoi ricordi personali. Questo significa creare non dei profumi precisi e troppo restrittivi, in termini di ricordi, come il cioccolato o il monoï, ma piuttosto *atmosfere evocatrici*, capaci di provocare ricordi in chiunque, più facili da gestire.»

«Geniale. E hai già qualche idea?»

«Certo.»

Giulia tira fuori dei fogli stampati con una certa precipitazione – quasi un po' di paura, nel momento in cui si trova a svelare il frutto delle sue ricerche.

«Sii indulgente, sono solo spunti.»

Lo sguardo benevolo di Basile la invita a lanciarsi senza timore. Lei gli spiega le sue idee di atmosfere memoriali, che dovrebbero stare alla base del suo detonatore sensoriale.

«Per esempio, per ritrovare uno stato di *sicurezza interiore*, le persone potrebbero ricercare i momenti della loro vita in cui si sono sentite "serene e al sicuro", selezionando l'atmosfera "Bolla prima infanzia" come detonatore olfattivo, con note dolci di talco, shampoo per neonati... Oppure, per ritrovare uno stato interiore *di pace e gioia*, potrebbero cercare ricordi positivi a partire da evocazioni della natura, come l'atmosfera "Yeti felice", con note di pino e balsamo per le labbra, "Volo di gabbiano", associato all'oceano, con note marine di iodio e acqua salata, "Grande blu", di ambiente mediterraneo, con punte di macchia mediterranea e olio solare, "Mormorio tra gli alberi", sul versante della foresta, con profumi di bosco, muschio, funghi, fumo e caminetto...»

«Che bei nomi che hai scelto!»

Giulia legge l'entusiasmo negli occhi di Basile e sente un

dolce calore salirle fin sulle guance. "Gli piace", constata, sorpresa dall'intensità di quella sensazione.

«Ho pensato a un sacco di altre possibilità, facendo la mappa mentale di tutti i tipi di momenti felici dell'esistenza: quelli condivisi con le persone care – che si potrebbero riassumere in un'atmosfera "Festa grande" – o "Batticuore" per i momenti caldi dell'innamoramento, con note frizzanti di ambra, muschio o giglio, e forse anche sentore di zenzero e perché no, una pennellata olfattiva di cioccolato!»

Alza gli occhi dal foglio a incrociare quelli di Basile e, come sempre più spesso le capita, sente in quello scambio visivo delle specie di scintille. La cosa la incoraggia a proseguire.

«…ma forse la cosa più audace sarebbe riuscire a trovare l'evocazione pura dell'Uomo e della Donna.»

Basile sembra perplesso. Giulia cerca di spiegarsi.

«Quando nella mia vita mi è capitato di non sentirmi bene, di essere piena di dubbi, in preda allo sconforto, alla stanchezza, credo che mi sarebbe piaciuto e mi avrebbe aiutato riuscire a ricontattare i ricordi felici condivisi con uomini che erano stati importanti per me e che avevano saputo darmi forza e fiducia… Vorrei cercare quel che può comporre l'essenza di un'evocazione del genere e mettere a punto una fragranza unica per incarnare il maschile e il femminile.»

«Mi piace molto, Giulia. Grazie.»

«Di che?» chiede lei stupita.

«Di aver riportato il sorriso nella mia giornata.»

«Il sorriso?»

«Sì, c'è una grande freschezza nelle tue idee. Fa bene.»

«Ah? Be', piacere mio, in quel caso.»

«Piacere condiviso.»

Pausa di silenzio. Il telefono di Basile suona. Giulia intravvede il nome di Audrey sullo schermo. Sente un leggero fastidio, ma non lascia trapelare nulla.

«Adesso bisogna trovare una forma a questo detonatore!»

«Sì… e non è davvero il mio punto forte!»

«Accetteresti che sia io a guidarti nell'ideazione?»

«La che?»

«L'ideazione, il processo creativo di produzione e sviluppo di nuove idee. Tutti i diversi stadi, fino alla messa a punto e alla concretizzazione del concept. Vuoi?»

Giulia non ha alcun dubbio. È l'istinto che le suggerisce, fin dall'inizio, di seguire quell'uomo senza porsi troppe domande? Gli tende la mano per sugellare il patto. Lui la tiene stretta nella sua come per assicurarle che sta facendo la scelta giusta. A Giulia piacerebbe leggere nei suoi pensieri per sapere che forma di design immagina per il detonatore sensoriale. E già che c'è, scoprire magari, *en passant*, cosa pensa di lei...

SCENA 28

Arrivo al 239 di rue Brossolette, impugno il battente ad anello e busso tre forti colpi alla porta – non c'è campanello. Sento un passo pesante che si avvicina.

«Ah, Basile, entra. Mi fa piacere vederti. Come vanno gli affari?»

Dal mio ritorno a Mont-Venus ho riallacciato i rapporti con i commercianti e i negozianti, e più in particolare con Lucien. C'è un'affinità elettiva tra di noi. Ufficialmente lui è un antiquario, anche se la dicitura di rigattiere gli si addice molto di più. Il suo fienile riconvertito e risistemato ha un fascino pazzesco e raccoglie uno stupefacente miscuglio di carabattole e tesori, una vera e propria caverna di Ali Baba per gli spiriti curiosi. Bisogna solo saper cercare.

"Speriamo che vengano tutti", penso, preoccupato che quell'incontro di creazione collettiva si svolga al meglio: perché una seduta di brainstorming riesca bene è importante riunire persone dai profili diversi. Da quel punto di vista dovremmo essere a posto. Le personalità e le sensibilità presenti dovrebbero essere diverse quanto basta!

Giulia e Arthur arrivano per primi. Ci salutiamo un po' goffamente, con quel riserbo tipico dei legami ancora acerbi, che ci impedisce, per il momento, di manifestare apertamente la vera gioia che proviamo nel rivederci. Sono felice che Arthur abbia deciso di unirsi a noi e stare al gioco. Quando lo ringrazio, risponde mugugnando un «non c'è di che»… Ah, la dolce stranezza dell'adolescenza!

Poco dopo, ecco apparire Audrey, con le guance arrossate dal passo veloce. Saluta Giulia e Arthur con due baci sulle guance e me con un bacio sulla bocca, a cui non rispondo, per non mettere a disagio gli altri.

«Manca solo Pollux!»

Quando ho accennato all'opportunità di invitare persone dagli orizzonti molto diversi per arricchire la nostra seduta di creatività, Giulia ha pensato di proporla a un collega che avevo già incrociato al Bazar della zebra a pois. Mi ricordavo di lui: aveva mostrato grande curiosità per le Teste-totem. La sua partecipazione porterà di sicuro qualcosa di interessante. Pollux arriva poco dopo, scusandosi del ritardo, e ci saluta con la sua energia da colosso maldestro, gratificandoci con un sorriso pieno di slancio.

«Bene! Possiamo cominciare.»

Audrey si è seduta accanto a Giulia e mi chiedo proprio come si troveranno quelle due tra loro. Per il momento, direi che sono in una fase di reciproca osservazione. Avrei giurato di aver visto Giulia chinarsi impercettibilmente verso Audrey e annusarla discretamente, come per captare un'«impressione olfattiva» di lei. La maggior parte delle persone si ferma all'«impressione visiva»! Avevo già notato in Giulia questo modo molto personale di farsi un'idea della persona scannerizzando la sua fragranza...

Ha sorpreso il mio sguardo. Volto la testa.

Lucien ha messo a nostra disposizione il retrobottega, in cui troneggia un grande tavolo in legno grezzo, perfetto per esporre le nostre ricerche e i nostri schizzi durante la seduta. Sono venuto presto stamattina per creare un'atmosfera cordiale e ispirante: barattoli di caramelle per risvegliare l'animo bambino nascosto in ciascuno, candele per accendere la fiamma dell'ispirazione, fogli e pennarelli di tutti i colori, succhi di frutta fresca con bicchieri dagli ombrellini multicolori e, naturalmente, il termos di caffè il cui aroma sottile stuzzica piacevolmente le narici. Il contesto è importante.

Mentre tutti si servono con aria piacevolmente stupita, ricordo la ragione del nostro incontro: immaginare una forma originale per dare corpo al *detonatore sensoriale, un oggetto destinato a innescare atmosfere olfattive attive che facilitino l'accesso alle nostre memorie positive profonde e capace di generare uno stato interiore durevolmente più sereno e gioioso.*

Espongo i termini del brief creativo. Giulia e io ci eravamo messi d'accordo in anticipo su questo: desideravamo un oggetto che uscisse dai canoni tradizionali dello zen e del benessere, con qualcosa di magico o di onirico, favorevole all'evasione.

Dal momento che la finalità del detonatore è di incitare le persone a creare un rituale della memoria, trovavo interessante concepire l'apparecchio con un tocco di magico-sacro. Dopotutto, fin dai popoli primitivi, l'uomo ha sempre avuto bisogno di simboli forti per radicare i propri cerimoniali.

Giulia espone brevemente il suo metodo del «più-più».

«È un po' lo stesso meccanismo con cui ricordiamo i sogni. Meno siamo abituati a rievocarli, meno si fanno ricordare... Lo stesso succede ai ricordi positivi! Più riportiamo alla memoria i momenti di gioia, calma, fiducia, più ristrutturiamo positivamente il nostro cervello. Il beneficio a lungo termine è immenso! La persona migliora le proprie risorse e il proprio stato interiore. È il potere della mente...»

La tavolata sembra sensibile alle sue parole. A me tocca guidare bene il seguito.

«Grazie, Giulia. Ora conoscete il cuore del progetto. Va da sé che ciò che condividiamo qui oggi deve restare tra noi e che si tratta, per il momento, di informazioni confidenziali. Vi ringraziamo della vostra partecipazione e saremo felici di offrirvi una giusta contropartita non appena il progetto avrà visto la luce!»

«Allora, cosa dobbiamo fare?» interrompe Arthur, impaziente di passare all'azione.

«Dovrete camminare tra gli oggetti di Lucien per trenta minuti e prendere quelli che vi colpiscono. Oggetti particolari, evocatori, simbolici o che vi ispirano idee legate al detonatore sensoriale, anche strampalate. Buona caccia al tesoro!»

Mi diverto a guardarli mentre esplorano il magazzino. Pollux, che sta sempre appicciato a Giulia, le presenta le sue proposte ogni tre metri. "Gentile, ma colloso", penso. Per dare un po' di respiro a Giulia, attiro Pollux nella mia zona per mostrargli quel che ho trovato. Mi sembra che si allontani da lei controvoglia. Non posso rimproverarglielo, visto che io stesso continuo a osservarla distrattamente con la coda dell'occhio chiedendomi cosa troverà in quell'ammasso di carabattole... Quando giro la testa mi ritrovo naso contro naso con Audrey. Il suo sguardo mi paralizza. Lo conosco benissimo: è lo sguardo del rimprovero. Mi rendo conto di colpo che da quando siamo arrivati non le ho praticamente più prestato attenzione. Rimedio immediatamente cercando di smorzare la tensione.

«Allora, hai trovato qualcosa di interessante?»

Mi mostra una vecchia versione di shanghai e una edizione speciale del primo tomo di *Harry Potter*.

«...visto che hai parlato di magia...»

«Ottima pensata, Audrey!»

Sono sincero, ma lei sembra credermi solo a metà.

Mezz'ora dopo, decreto conclusa la battuta di caccia. Torniamo nel retrobottega con i cestini pieni di oggetti più o meno insoliti, per lo meno eterogenei.

«Mettiamo tutto in mezzo al tavolo!»

Prima di cominciare la seduta, ricordo loro l'ABC dell'atteggiamento da adottare per agevolare la creatività:

Essere OPEN
Onirici, Positivi, Entusiasti, Non-giudicanti

«Ogni spirito critico o negativo deve rimanere alla porta, perché quello è un *atteggiamento ideicida*, il miglior modo per uccidere le idee ancora prima che nascano. Al contrario, non bisogna aver paura di dire quel che passa per la testa, perché spesso è attraversando idee grezze e anche strambe che possono emergere quelle davvero buone!»

Questa regola del gioco sembra piacere ad Arthur.

«Peccato che non si possa fare così anche a scuola. A lezione ci romperemmo meno le p...!»

Si ferma appena prima che sua madre lo interrompa.

«Ognuno presenterà i propri oggetti e faremo un brainstorming per pensare a un loro possibile utilizzo non convenzionale per il detonatore sensoriale o per vedere se ci conducono verso altre idee...»

Audrey inizia spiegando che i bastoncini dello shanghai le fanno pensare alle striscioline che usano i nasi per testare i profumi.

«Forse il detonatore sensoriale potrebbe funzionare come un gioco... per esempio, si potrebbe prendere a caso un bastoncino profumato con un'atmosfera evocatrice e lasciarsi trasportare da un ricordo inatteso!»

«Fantastico!» dico annotando l'idea su un Post-it gigante. «E perché *Harry Potter*?»

«...mi erano piaciute un sacco nel libro le Gelatine Tuttigusti + 1 e ho pensato che ci potremmo ispirare allo stesso principio creando un sistema di atmosfere olfattive "a sorpresa"!»

«Molto interessante! Grazie, Audrey.»

Pollux, invece, ha scovato una stampante 3D.

«Dite che si potrebbero stampare degli odori con questa?»

Il gruppo scoppia a ridere.

«Non ridete! È un'ottima ispirazione. Lo sai che esiste già qualcosa di simile?»

In tre clic trovo il concept di Smell-O-Gram, ideato da uno studente cinese di nome Zhu Jingxuan: la sua stampante alimentare, così piccola che si può tenere con una mano, capta l'odore che le si fornisce, lo digitalizza, lo codifica e poi lo sintetizza in un odore corrispondente attraverso degli inchiostri profumati contenuti all'interno dell'apparecchio.

«Incredibile!»

Ricordo al gruppo l'utilità, quando si è in cerca di idee creative, dei motori di ricerca, che permettono di esplorare per parole chiave quel che già si è fatto in giro per il mondo.

Ora tocca ad Arthur presentare quel che ha scovato. Tira fuori una torcia proietta-storie per bambini Moulin Roty, con tre dischi che possono proiettare immagini sul soffitto o sul muro di una cameretta. "Mica male", penso... Poi un visore stereoscopico View Master rosso fiammante, con i dischi che diffondono le diapositive di una storia in 3D per chi indossa gli occhiali.

«Non so se può portare da qualche parte, ma mi piace il suo aspetto vintage. E dato che con il detonatore l'idea è di andare a cercare dei ricordi sepolti, mi sembrava interessante l'aspetto del "ritorno al passato".»

Arthur ha capito il meccanismo della creazione. Mi sorprendo a essere fiero di lui, "il mio pupillo", penso divertito. A dire la verità, non sembra minimamente rendersi conto del suo potenziale e continua la sua presentazione con una flemma disarmante.

«Secondo me, il caleidoscopio evoca qualcosa di giusto per lasciarsi andare... è abbastanza magico! La forma mi fa pensare a un cannocchiale, il che potrebbe richiamare l'idea di un viaggio sensoriale...»

Siamo tutti colpiti dai suoi oggetti e soprattutto dalle sue riflessioni. Non so ancora come potremo utilizzarle, ma nelle sue idee c'è qualcosa di buono. È il turno di Giulia.

«Io ho trovato questo!»

Appoggia sul tavolo un bellissimo oggetto in metallo dorato lungo circa quindici centimetri. Su cinque anelli paralleli che sembrano fatti di madreperla sono incise delle lettere. Lo riconosco subito.

«Ma questo è il cryptex ispirato a Leonardo da Vinci! Cioè... cryptex è la parola che Dan Brown, lo scrittore, si è inventato per quell'oggetto nel *Codice da Vinci*.»

Mi guardano tutti come se venissi da un altro pianeta.

«Come fai a saperlo?» chiede stupito Arthur.

«Mi ha sempre affascinato quell'oggetto. Funziona come un lucchetto a combinazione, dove puoi nascondere informazioni segrete...»

«E ora cosa farai con tutte queste idee sparse?» chiede Pollux, che ha l'espressione di uno che non riesce nemmeno a immaginarsi come tirare fuori qualcosa da tutto questo.

«Vedrai, Pollux... La seconda fase può avere inizio: dobbiamo incrociare le idee, avvicinarle, confrontale, mixarle, metterle alla prova, insomma, strofinarle, per vedere cosa ne esce...»

«Come la lampada di Aladino?»

«Sì, Arthur, come la lampada di Aladino.»

SCENA 29

Pollux ha sofferto di insonnia come non gli capita mai. Alle quattro del mattino, si è svegliato e non c'è più stato verso di riprendere sonno. Continuava a ripensare alla giornata, alla seduta di creazione collettiva da Lulu l'antiquario, che gli aveva portato una inattesa boccata d'ossigeno, di piacere, quasi una rinascita sociale. Era la prima volta che veniva coinvolto in un'avventura come quella. Rivedeva ancora l'espressione di Giulia quando era andata a chiedergli di partecipare a un brainstorming per il suo progetto segreto. Avrebbe mai saputo quanto la sua richiesta lo aveva commosso? Come l'aveva trovata affascinante quando si era quasi scusata perché gli chiedeva quel favore e osava domandargli un po' del suo tempo? Chi si faceva mai scrupolo di approfittare del suo tempo e della sua disponibilità?

La cosa più dolorosa era stata trovare Basile simpatico e brillante. Si era perfino mostrato amichevole con lui.

Pollux ha mal di testa. Si alza, schiacciato dal senso di colpa: il doppio gioco gli pesa sulle spalle e sulla coscienza. Da adesso, nuocere al Bazar della zebra a pois significa, indirettamente, nuocere a Giulia.

Stamattina ha appuntamento con Louise Morteuil prima di andare al lavoro. Lei non sa ancora del progetto del detonatore sensoriale. Se ne venisse a conoscenza, avrebbe altro materiale per continuare il lavoro di erosione contro il Bazar della zebra a pois...

Pollux non sa cosa fare.

Quando arriva davanti al palazzo di Civilissimo, si ferma per un momento e fa un lungo respiro. Si sente nervoso. Trova Louise Morteuil già in piena attività. Sembra di ottimo umore: ha appena parlato al telefono con il funzionario del comune che custodisce le Teste-totem in un magazzino e ha trovato modo di far sì che la procedura si prolunghi. L'appuntamento per la consulenza dell'esperto non è nemmeno stato fissato.

«Ah, Pollux, eccoti qua. Arrivi proprio al momento giusto. Ho bisogno di chiederti ancora due cosette su quelle macchine per finire il mio articolo…»

«Scrivi un articolo? Per "La Dépêche du Mont"?»

Lei lo squadra con aria di superiorità, un'espressione che lui conosce fin troppo bene.

«Ovvio, Pollux, quello era l'obiettivo. Lo pubblicherò su "La Dépêche" e anche sul sito di Civilissimo. I cittadini devono essere informati su quel che accade al Bazar della zebra a pois: la disavventura della povera donna che si è trovata la sua bella borsa rovinata da quell'orrendo graffito; quel ragazzo, Arthur, incoraggiato a dedicarsi alla sua passione illegale da quel Basile Vega, con la loro stupida idea di Tagbox! Le Teste-totem, un esperimento pericoloso, di cui non conosciamo nemmeno con esattezza gli effetti sul cervello, e che bisogna assolutamente mettere fuori dalla circolazione!»

Louise si sistema nervosamente gli occhiali rotondi col bordo rosso sul naso appuntito e si rimette a digitare febbrilmente sulla tastiera. Continua a parlargli senza alzare lo sguardo dallo schermo.

«Avrei anche bisogno che tu aggiungessi il Bazar della zebra a pois nella rubrica dei negozi indesiderabili sul sito di Civilissimo.»

Non aspetta nemmeno la risposta. È abituata a veder eseguiti i suoi ordini.

Louise Morteuil ha creato quella sezione del sito per tenere traccia delle attività e dei negozi sospetti o criticabili secondo i criteri cari alla sua associazione: frequentazione, pulizia, moralità, pericolosità per i giovani...

Nella lista nera sono finiti alcuni bar, negozi di videogiochi e di gadget sciocchi, naturalmente, ma anche studi di tatuatori e, ora, il bazar.

Il sito propone dibattiti online sull'educazione e il civismo che incontrano grande successo. La loro funzione è di chiarire, avvisare, diffondere informazioni fornite da specialisti di psicologia, formazione e salute; insomma, di alzare il velo sui pericoli delle dipendenze, degli schermi, della devianza e della marginalità... Gli articoli tornano insistentemente sulla necessità e sui benefici delle regole, dei limiti, dei paletti.

E chi potrebbe dire il contrario?

Eppure Pollux non ci vede molto chiaro. A volte ha l'impressione che i temi finiscano per confondersi. Si sente combattuto. Non è forse un'idiozia contrapporre in quel modo il bisogno di limiti e regole a quello di audacia e apertura? Brandire come una spada i vantaggi della disciplina e del lavoro *versus* l'apertura mentale e la creatività? Bisogna per forza contrapporre le due teorie, invece di riconciliarle per giungere a un approccio più benefico per l'individuo? La cultura dell'audacia, in fondo, non è inconciliabile con il senso dello sforzo e col rigore...

All'inizio, l'attività di Louise aveva risuonato dentro di lui. Le sue numerose azioni per la città lo avevano impressionato e gli era sembrato utile per Mont-Venus che qualcuno vigilasse sulla qualità, la sicurezza e la moralità dei negozi e delle attività operanti sul suolo cittadino.

Ora non ne è più così sicuro. A Louise piace tracciare linee nette. Ma fino a dove può spingere il suo zelo?

Per quanto riguarda il Bazar della zebra a pois, Pollux si fa sinceramente delle domande. Il concept è davvero così dannoso e criticabile? Certo, Basile Vega propone idee destabilizzanti, ma basta questo per aver paura del suo approccio che, in fondo, non fa altro che incoraggiare la riflessione e innescare la presa di coscienza?

Pollux ha sentito un vero entusiasmo lavorando in gruppo sulla creatività. Come sarebbe la sua vita, se avesse seguito i suoi desideri e le sue aspirazioni profonde, invece di lasciarsi irreggimentare dalle sue paure e dalle indicazioni del suo entourage, che lo avevano spinto a scegliere prudentemente un mestiere in grado di garantirgli un tenore di vita dignitoso, anche se per nulla elettrizzante, quando invece dentro di lui...?

«Ehi, Pollux? Tutto ok? Dovresti prenderti un caffè, hai l'aria davvero stanca.»

È il modo educato di Louise per dirgli di mettersi al lavoro. In quell'istante lui prende una decisione: non le parlerà della sua partecipazione al progetto di Giulia. In fondo, quella cosa gli appartiene. È vero, lo infastidisce sentirla così vicina a Basile, la loro complicità non gli piace, ma non vuole fare nulla che possa nuocere a Giulia. Se il detonatore sensoriale gli offre delle occasioni per frequentarla di più, non se ne priverà di certo.

SCENA 30

Una luce bianca e intensa mi abbaglia. Tento di proteggermi gli occhi col rovescio della manica. Quando il fulgore si attenua un po', proseguo lungo un tunnel che somiglia a uno scivolo. All'inizio è abbastanza piatto, ma poi inizia a inclinarsi e mi trascina in un'incontrollabile caduta. Filo giù sempre più in fretta e mi sembra di intravedere un'uscita. C'è un oggetto sospeso a un filo; cerco di identificarlo e mi concentro per vedere di cosa si tratta. A un metro di distanza tento di frenare con i piedi e con le mani contro la parete per avere il tempo di osservarlo. Tutto è confuso, ma sento che la soluzione è lì, vicina! Lotto contro il potere del precipizio, che mi risucchia. Passo vicinissimo all'oggetto e di colpo rallento: in un incredibile slancio di giubilo, ecco la soluzione! Urlo: «Eureka!».

Audrey è china su di me e caccio un secondo urlo, stavolta di sorpresa. È stata lei a tirarmi fuori dal sogno, facendo irruzione nel mio ufficio-atelier. Mi rendo conto che mi sono addormentato mentre lavoravo, posando la testa per un attimo sull'avambraccio. È una delle stranezze dei cervelli iper-creativi: il bisogno di fare ogni tanto il pieno di energia con dei micro-pisolini.

Riprendo rapidamente il controllo di me stesso e mi torna in mente la visione dell'oggetto ibrido che potrebbe raffigurare il detonatore sensoriale. Presto! Prendere un foglio e annotare l'idea prima che evapori! Afferro un quaderno e comincio freneticamente a schizzare un abbozzo. Poi sento una mano che mi picchietta sulla spalla.

«Ehi, oh!? Ma mi prendi in giro?»

Leggo sul viso di Audrey una viva contrarietà. Ecco una nube nera carica di rimproveri sul punto di trasformarsi in temporale. Tento di giustificarmi.

«Annoto *solo* un'idea, mi basta un minuto!»

La mia mimica facciale non basta a rasserenarla. Comprendo che bisognerà riprendere più tardi il filo dell'ispirazione – sperando di ritrovarlo. Lascio la matita.

«Che cosa c'è, Audrey?»

Tento una carezza sulla guancia, ma lei si scosta.

«C'è che ti ho mandato tre messaggi da ieri, e non hai mai risposto! Che sono obbligata a venire a cercarti fino a qua per avere una speranza di intercettarti! Che...»

Esita, e sento che il rimprovero le è rimasto bloccato in gola. Alla fine, esce.

«... passi più tempo con Giulia che con me!»

"Eccoci", penso.

«Ma cosa stai dicendo, non è vero!»

Incrocia le braccia. La intuisco piena di collera, frustrazione e... gelosia? Una domanda mi attraversa la mente: ha buone ragioni per essere gelosa? Non ho avuto il tempo di pensarci. Non ho avuto il tempo per nulla, a dire il vero! Sento montare in me il fastidio. Ho dormito quattro ore la notte scorsa, e cinque quella prima. Sono sfinito e, in questo momento, ho bisogno di tutto tranne che di una scenata.

«Quante volte l'hai vista dall'inizio della settimana?»

«Ma non lo so... due o tre volte...»

«Quattro!»

«È possibile, Audrey. Ma sai benissimo che abbiamo un lavoro da finire, un progetto importante! Non si possono mica portare avanti le idee con l'intervento dello Spirito Santo, bisognerà pur incontrarsi!»

«Lascia in pace lo Spirito Santo! Cerca di essere onesto, invece!»

La guardo senza comprendere. Questa discussione mi innervosisce al massimo grado. Ero in una fase positiva dopo quel pisolino e lei sta smorzando il mio slancio creativo.

«Sai come è fatta la vita di un inventore, Audrey? Sì, è così: penso sempre ai miei progetti! È la vita che ho scelto e mi piace!»

«Non è quello il problema», dice con tono tagliente.

«Allora quale sarebbe il problema?»

Si china verso di me, così vicino che posso vedere le pagliuzze color miele negli occhi, velati di lacrime.

«Il problema è che tu sei *attratto* da lei e che sei l'unico che non se ne accorge!»

Apro la bocca per risponderle, ma le parole non escono.

Lei ha ancora le braccia incrociate. Restiamo lì, a guardarci per qualche secondo. Il mio sconcertante silenzio deve sembrarle una confessione. Ma come smentirla? Non c'è scappatoia, ho il dovere di essere onesto con lei. Inspiro profondamente per farmi coraggio e le dico che forse ha ragione, è meglio se la cosa finisce qui. Aggiungo che non ho mai voluto ferirla e che mi dispiace se lo sto facendo. Non dice una parola e mi osserva, ora con freddezza. Poi esce senza girarsi, sbattendo forte la porta dell'ufficio.

Grido il suo nome, mi alzo di scatto... ma mi fermo. Non la raggiungo. Qualcosa me lo impedisce. Forse la convinzione che il nostro rapporto non potrebbe in ogni caso andare oltre... Torno a sedere con il cuore pesante. Detesto farla soffrire e mi chiedo che cosa ci sia in me che non va per lasciar andare via una ragazza del genere. Penso ai momenti che abbiamo passato insieme, al piacere, alla complicità. Eppure... mi mancava qualcosa, quel supplemento di anima di cui ho tanto bisogno. Ma esiste davvero? A voler sempre cercare qualcosa in più, non rischio di restare da solo? Per un istante mi chiedo se telefonarle e sistemare le cose, convinto che dirà ancora di «sì». Resto sospeso in quel dubbio per qualche minuto mentre nella mente mi risuonano le parole di Audrey: «Sei attratto da lei». Giulia. Sei lettere che risvegliano una ventata di dolci sensazioni.

Me ne ero accorto prima d'ora? Avevo attribuito il mio coinvolgimento all'entusiasmo per il progetto olfattivo. Inizio a comprendere che è tutta la sua persona a risuonare con la mia: il modo in cui le nostre due sensibilità si fanno eco è incredibile. L'evidenza di quell'attrazione mi si impone, chiarissima. Sono pronto ad accoglierla? Per sfuggire a quella destabilizzante riflessione, prendo il quaderno, il pennarello nero e riprendo lo schizzo che avevo cominciato poco prima. "Immergermi nel lavoro", penso. "Ecco il miglior rimedio."

Si tratta di un oggetto ibrido, dalla forma originale: un miscuglio tra il cryptex – il famoso lucchetto a codice cilindrico inventato da Leonardo da Vinci per nascondere documenti segreti – e un caleidoscopio con dischi esterni di vetro. La forma allungata dell'oggetto ricorda vagamente quella di un cannocchiale da esploratore; anzi, per il rivestimento ho in mente proprio un motivo di antica carta nautica.
Ho un groppo alla gola, ma cerco di navigare al di sopra delle acque agitate delle mie emozioni. Disegnare mi aiuta a fare il punto. Stranamente la scarica emotiva del confronto con Audrey ha alimentato la mia fantasia e il concept del detonatore sensoriale mi riesce in tre colpi di matita.
Quel che è divertente, in questo cryptex, è l'idea di trovare il codice segreto specifico che diffonde l'atmosfera sensoriale desiderata! L'oggetto sarà corredato da una guida con i codici. Già mi immagino in veste di utilizzatore.

Seguo col dito le istruzioni del manuale, rispondo al breve questionario al termine del quale mi vedo proporre alcuni codici da provare sul detonatore sensoriale.
«Oggi, stanco e stressato, vorrei ritrovare i ricordi dei momenti in cui mi trovavo in uno stato di pace e serenità totale.»
Il manuale propone quattro atmosfere memoriali da provare: per diffonderne il profumo devo inserire un codice sul detonatore.

$$\Psi\ 3\ \bigcirc$$
$$Y\ 7\ \ast$$
$$\Sigma\ 8\ \square$$
$$\Omega\ 12^2\ \diamondsuit$$

Provo a una a una le quattro combinazioni. Ogni volta il detonatore libera una stupefacente nuvola olfattiva e, con essa, scatena un'esplosione di ricordi diversi a seconda dell'atmosfera evocata. Faccio in modo che il ricordo torni nel modo più preciso possibile, poi annoto tutto nell'apposito «diario di bordo memoriale». La potenza del profumo mi trascina e riattiva le sensazioni gradevoli legate al ricordo. Dopo pochi minuti, concentrato a rivivere quei momenti di pace e quiete dimenticati, il mio stato interiore si è completamente trasformato. Sono calmo.

Abbandono la modalità utilizzatore, per passare a quella inventore.

Sul PC, realizzo il modello in tre dimensioni del cryptex, con il disegno dell'oggetto dall'interno. La mia idea è di utilizzare la tecnica innovativa della diffusione a secco di essenze: un procedimento senza rischio di esalazioni nocive, al cento per cento ecologico. Basta installare un piccolo ventilatore alla base del cryptex, e l'aria soffiata attraversa le biglie profumate contenute nelle cartucce olfattive e libera la fragranza specifica… e il gioco è fatto!

L'aggiunta di dischi caleidoscopici esterni mi sembra interessante per evocare una dimensione onirica, creare un'atmosfera propizia alla fantasticheria. L'originalità sta nel fatto che le forme magiche colorate sono proiettate all'esterno, su un muro o un soffitto, e non all'interno dell'oggetto. Questo caleidoscopio «estroflesso» mi è venuto in mente incrociando la torcia proietta-immagini per bambini e un caleidoscopio tradizionale. Spesso accade così: le invenzioni sono il frutto di accostamenti improbabili, deviazioni e trasposizioni di universi.

Eccitato dalla mia idea penso immediatamente a Giulia: spero che le piacerà...

Lo scontro con Audrey e le sue frasi mi tornano in mente come un boomerang. Giulia. È vero che apprezzo sempre di più la sua compagnia. La riservatezza che, a volte, la rende distante, e i momenti in cui invece si lascia andare e si mostra piena di slancio e allegria... Mi piace la sua personalità tutta fatta di contrasti. Mi piacerebbe incoraggiarla, aiutarla ad avere maggiore fiducia in sé stessa, sostenerla. Me lo permetterebbe?

A volte, quando sto con lei, per qualche minuto mi sembra possibile, poi, un momento dopo, ecco che di nuovo la sento sfuggire, percepisco che non mi lascia entrare nel suo mondo. Non riesco ad afferrarla completamente, ed è forse questo che mi piace: il mistero di una personalità complessa, che non si riesce mai a comprendere del tutto...

SCENA 31

Disteso tranquillamente sul suo letto, Arthur sta guardando dei video sullo smartphone quando sua madre sbarca infuriata in camera sua. Con il tempo ha sviluppato un sistema di chiusura selettiva del timpano che rasenta la perfezione. Sente grosso modo una parola su dieci. Ma quel venerdì mattina l'aggressività di sua madre è all'apice: le onde di rabbia e nervosismo sono talmente palpabili che gli penetrano nella carne, ed è piuttosto spiacevole. Preferirebbe essere lasciato in pace. Ma a quanto pare lei ha deciso diversamente. *Che cosa le prende?* Volente o nolente, è costretto ad alzarsi per andare ad aiutarla. È il suo turno per la spazzatura e la spesa.

Osserva sua madre mentre si mette a fare i mestieri. Ha tirato fuori aspirapolvere e spolverino, e le pile di fogli che ingombravano da settimane il tavolo sono sparite per lasciare posto a una tovaglia su cui potranno perfino posare un piatto per mangiare seduti come si deve, senza tenere il cibo sulle ginocchia!

All'improvviso, ecco la risposta, il motivo di tutto quel darsi da fare: Basile viene a cena! Anche a lui fa piacere, ovvio, ma non è un motivo sufficiente per mettersi in quello stato!

«Ma', tranqui, è solo Basile che viene a cena, no?»

Giulia continua ad agitarsi come una gallina che deve fare l'uovo.

«Certo che se ascoltassi te...»

Arthur si guarda attorno con aria stupita.

«In effetti la casa fa la sua porca figura, così...»

Giulia si interrompe un momento per lanciargli uno sguardo vittorioso.

«Ah, lo vedi anche tu che è meglio quando è tutto in ordine e pulito!»

«Lo ammetto. Non ti ho vista ieri sera! Hai lavorato fino a tardi? Non sei mai uscita dal ripostiglio!»

«Sì, volevo lavorare alle atmosfere olfattive per il detonatore sensoriale e... stasera chiederò a Basile di farmi da cavia! Ho messo insieme un prototipo per fare le prime prove!»

Gli occhi di sua madre brillano. Quel progetto sembra contare tanto per lei ed è come se le stesse ridando ossigeno. Ma sarà solo quello?

«Senti, ma'... non è che lo stai *defriendzonando*, Basile?»

«Cosa?»

A giudicare dalla sua reazione, pensa Arthur, forse ha colto nel segno.

«Ma niente affatto!» si difende lei. «Stiamo solo portando avanti un progetto.»

Si giustifica un po' troppo. Arthur avrebbe voglia di dirle che non gliene frega niente, anzi, al contrario, sarebbe contento se lei avesse qualcuno. Sarebbe di sicuro meno stressata, più tranquilla. Più felice, insomma. Rivolge a sua madre un sorriso complice e va a darle un bacio.

«Sta' serena, ti reggo il gioco!»

«Eh?»

«Non dico nulla!»

«Ma...»

Arthur non la lascia finire, ridacchia, prende la spazzatura con aria giuliva ed esce.

Dopo essersi sbarazzato della sua corvée, pensa che farebbe meglio a dedicarsi anche alle sue faccende di cuore. Tira fuori il cellulare e apre Instagram. Con Mila è il momento di passare al livello successivo. Obiettivo: strapparle un appuntamento. La ragazza ha pubblicato una storia che lo infastidisce un po': a quanto pare la sera prima era a una festa piuttosto fica. La si vede, bellissima, in un vestito aderente, circondata da amici. Lei è diversa dalle altre: gli fa sentire qualcosa di speciale. Prende il coraggio a due mani e inizia a scrivere un messaggio.

A: Ti va di andare a bere una cosa al Bateau Ivre stasera?
Qualche istante dopo, arriva la risposta.
M: OK!

SCENA 32

Hanno suonato alla porta e dietro un grosso mazzo di fiori c'è un Basile diverso dal solito. Non si aspettava di vederlo arrivare così elegante: un completo grigio-perla con taglio svasato, senza cravatta naturalmente, ma con la giacca indossata su una maglietta blu scuro attillata; i riccioli ribelli ben pettinati all'indietro e i contorni della barba in ordine e regolati di fresco... Si chinano per salutarsi con un bacio sulle guance, ingombrati dai fiori. Il foglio di plastica crepita tra i loro corpi. In quell'istante, Giulia è turbata dall'effluvio mascolino della sua acqua di Colonia. Quel profumo le piace. Sente una sorta di trepidazione in mezzo al petto. Ma certo, è normale: è eccitata all'idea di fargli provare il prototipo. Sì, è senz'altro l'eccitazione del prototipo...

«Sei una cavia molto elegante!» scherza lei, per nascondere il suo turbamento.

Arthur saluta Basile con un sorriso caloroso, che sua madre gli vede raramente.

Giulia non lo dirà, ma Basile è la prima persona che invita dopo il divorzio. Lei e Arthur sono abituati a stare tra loro, sempre in due, in una sorta di autarchia domestica.

«Vuoi qualcosa da bere?»

Giulia si diverte a vedere Basile che osserva con attenzione tutti i dettagli della stanza: le ricorda la sua, quella curiosità... Lui le risponde distrattamente mentre guarda da vicino una tela che Giulia ha comprato dieci anni prima a New York, un'opera contemporanea di un artista molto in voga. Giulia adora il contrasto tra il viso delicato della ragazza dipinto con sfumature di grigio e i capelli decorati con motivi grafici diversi e multicolori, come il corpo, percorso da segni tipografici. *Follow your dreams*, c'è scritto. Le piace avere quella frase sotto gli occhi tutti i giorni, come un mantra che le dà ispirazione ed energia.

Arthur posa i salatini per l'aperitivo sul tavolo basso vicino al divano.

Com'è diverso quando si dà da fare! Sua madre non riesce a credere all'ascendente che Basile ha su di lui. È una delizia sentire suo figlio conversare amabilmente con un ospite, e divertente vederlo assumere pose da adulto per fare bella figura e ascoltarlo mentre si esprime con vere frasi meditate, con un punto di vista personale per giunta. Non si è murato vivo in camera sua, non ha tirato fuori il cellulare, non risponde a versi... Una gioia. Basile intercetta il suo sguardo e le rivolge un sorriso complice, prima di riportare la sua attenzione su Arthur, che ormai è un fiume in piena.

Giulia si dà da fare in cucina mentre i due «uomini» parlano. Da quanto tempo non le succede di trovarsi in quella situazione? Si sorprende a provare piacere nel preparare la cena; ha perfino ritrovato una vecchia ricetta, trasmessale da sua madre: pollo alle spezie Colombo. Finisce di triturare le arachidi e grattugiare la noce di cocco fresca per condire il piatto. Prende la bottiglia di vino rosso, un Corbières della Languedoc-Roussillon, e si avvicina a Basile in salotto.

«Lo apri tu?»

Le loro mani si sfiorano quando gli tende il vino. Giulia trasalisce, e se la prende con sé stessa per quella reazione. Scorge, *en passant*, lo sguardo malizioso di Arthur. La cena è animata e gioiosa. "Sembriamo proprio una bella squadra", pensa Giulia. "Quasi una bella famigliola." Scaccia subito quel pensiero assurdo, consapevole che quella della famiglia felice è una fugace chimera che l'ha lasciata affranta e disillusa. Non c'è famiglia che non esploda prima o poi, si è convinta dopo la sua separazione; ne è persuasa. Si è giurata di non trovarsi mai più in una situazione come quella che ha dovuto affrontare. Quel ricordo cocente e spiacevole la assale all'improvviso. Si alza bruscamente: sono lì per lavorare, sarebbe anche tempo di mettercisi, ora!

«Un caffè prima di testare le mie trovate?»

Basile sembra aver percepito il suo cambiamento di umore, perché le rivolge un sorriso interrogativo. Accetta volentieri il caffè e si propone di aiutarla a sparecchiare. Lei rifiuta categoricamente; ha bisogno di qualche istante di isolamento per ritrovare il suo equilibrio e scacciare la nube che l'ha offuscata. Basile non insiste. In cucina, Giulia si appoggia al piano di lavoro e chiude gli occhi, presa da una subitanea vertigine. Si sente lacerata, agitata da tensioni contraddittorie. Tenersi lontana da *quella cosa*. E al tempo stesso desiderar*la*. Non lo aveva previsto. Ed è fuori discussione che *quella cosa* prenda il sopravvento.

Quando li raggiunge a tavola, Arthur si è alzato e si prepara ad andarsene.

«Non resti per le prove?» chiede lei, con un impercettibile nervosismo nella voce.

«No, vi lascio. Ho un appuntamento.»

«Ah, sì?»

Giulia si rende conto che le è uscito un tono un filo troppo forte e acuto. Arthur si morde le labbra per reprimere un sorriso; sua madre avrebbe voglia di tirargli il collo.

«Torno presto, promesso. Poi mi racconterai com'è andata.»

Il rumore della porta che si chiude segna l'inizio del loro tête-à-tête. In un batter d'occhio, Giulia ha indossato la sua maschera più professionale e fa accomodare Basile nella poltrona reclinabile per prepararlo al viaggio sensoriale. Ha previsto un piccolo ventilatore per diffondere le atmosfere olfattive, mentre Basile ha portato un tubo che ricorda il cryptex a mo' di prototipo. Per il momento è una torcia abbinata a un disco esterno di caleidoscopio.

Giulia abbassa le luci e Basile accende la torcia. Il soffitto si riempie di meravigliose forme multicolori, che si mettono a girare sotto l'occhio ammirato di Giulia.

«Ho aggiunto un motore a rotazione», precisa Basile, con un entusiasmo quasi infantile.

«È davvero bellissimo, proprio come lo immaginavo.»

«Sì, mi sembra perfetto per creare un'atmosfera favorevole all'evasione e a una fantasticheria positiva!»

«È pronto, caro il mio topo da laboratorio?»

«Pronto per il viaggio!»

Giulia si guarda bene dal prestare attenzione alle scintille nei suoi occhi e si concentra sul lavoro: appoggia un quaderno accanto a lui, dove dovrà annotare i ricordi a mano a mano che risalgono in superficie. Ha improvvisato un primo abbozzo di diario di viaggio memoriale, in cui è possibile classificare i ricordi positivi sotto «stati-risorsa»: calma, fiducia, gioia, sicurezza, energia.

«Il detonatore sensoriale sarà corredato di un diario di viaggio memoriale e di un libretto che spiega il metodo. Mi immagino un bel cofanetto.»

Giulia gli fa vedere qualche schizzo che ha realizzato.

«Ti lascio guardare», gli dice, «intanto vado a prendere i campioni di profumo...»

Entra nello sgabuzzino, trasformato in atelier di fortuna con un organo da profumiere. Prende le prove e mette i flaconi negli appositi vani sul vassoio da dimostrazione. Sente le mani un po' tremanti ed è in qualche modo consapevole che il nervosismo non è dovuto solo alla presentazione. È tanto tempo che non si sente così, e la cosa le fa piacere e paura al tempo stesso. Tanto più che una vocina interiore le ricorda che Basile sta già con un'altra persona e che farebbe meglio a tenersi quella cosa per lei...

Siamo qui per lavorare e portare a termine un progetto. Punto e stop.

SCENA 33

Se n'è andata da diversi minuti. Ho posato gli schizzi e mi lascio andare, piano piano. Mi sento bene, disteso su questa poltrona. Il mio pensiero vaga seguendo gli arabeschi colorati del caleidoscopio sul soffitto. Non mi aspettavo una serata così deliziosa: l'atmosfera, la cena, Arthur, a cui mio malgrado mi affeziono sempre di più ogni giorno che passa. La sensazione gratificante di fargli del bene, di riuscire, forse, ad aiutarlo un po' a trovare la sua strada di uomo... Sa quanto la sua fiducia faccia bene anche a me, che non sono mai stato il padre che avrei voluto essere?

E poi c'è lei, che è tutto un mondo. Quando ha aperto la porta, sono stato il primo a sorprendermi per l'emozione che mi ha colto. Per un momento ho pensato che fosse un effetto del suo bel vestito, abbastanza scollato per sottolineare il décolleté e il collo sottile ed elegante. Poi ho capito che non erano le sue forme, ma l'espressione raggiante, il sorriso caldo, quel sorriso che solo una gioia sincera può disegnare, a turbarmi più di quanto non avrei saputo esprimere. Era *felice* che io fossi là e notarlo mi ha commosso.

Giro la testa e la vedo tornare portando un vassoio con sopra diverse boccette. Lo appoggia sul tavolino accanto a noi.

«Pronto?»

«Sì!»

Mi chiede di scegliere l'atmosfera che mi attira di più. Opto per «Volo di gabbiano». Lei impregna di profumo le piccole biglie disposte in un cubo trasparente disseminato di forellini, poi accosta il ventilatore di fortuna e si avvicina per farmi sentire l'odore.

«Chiudi gli occhi e lasciati trasportare dagli effluvi marini... Concentrati per capire se questo ti riporta dei ricordi di calma e libertà.»

È incredibile: nella complessa fragranza che ha composto, non solo ritrovo il profumo degli schizzi di acqua salata, ma tutta l'atmosfera dei paesaggi marini dell'Ovest, come se avesse catturato lo spirito dell'aria buona, il profumo della sabbia bagnata, delle alghe essiccate, del tempo che si ferma.

Quando apro gli occhi, la vedo che mi fissa con un sorriso attento.

«La ricchezza olfattiva è incredibile! Un intero mondo racchiuso in una boccetta... brava!»

«Bene, sono contenta che ti piaccia. Ti ha riportato a galla qualche ricordo?»

«Sì, sul serio. È stato come riuscire a mettere delle sensazioni sulle immagini dei miei ricordi, renderli più presenti.»

«Che effetto ti ha fatto?»

«Ho avuto l'impressione di tornare indietro di trent'anni e ritrovare i momenti di pace e spensieratezza che provavo quando ero in vacanza con i miei genitori e i miei fratelli e sorelle.»

«Bene, ora non ti resta che prendere nota.»

Mi tende il quaderno e mi chiede di scegliere lo stato-risorsa a cui corrisponde quel ricordo.

«Grande calma? Gioia profonda? Libertà?»

«Mmm. Direi gioia profonda.»

Mi chiede di essere il più preciso possibile nella descrizione sensoriale di quel ricordo felice: i suoni, i colori, le immagini, e naturalmente i profumi.

«Così, settimana dopo settimana, il tuo diario di viaggio memoriale diventerà una sorta di *mnemoteca di ricordi positivi*! Un'incredibile e preziosa banca dati, capace di cambiare piano piano il tuo sguardo sulla vita, insegnandoti a focalizzarti su quel che ha di bello e prezioso. Senza questo lavoro sulla memoria, il positivo si attenua sempre più, ed è come se non fosse mai esistito. Il profumo aiuta a renderlo tangibile, a ridare una presenza sensoriale al ricordo, una consistenza agli stati d'animo buoni, che altrimenti resterebbero vaghi dentro di te.»

«Sono molto impressionato, Giulia. Tutto ciò è *piuttosto* convincente.»

«Solo *piuttosto*?» ride lei. «Aspetta di aver provato le altre essenze. Scegline un'altra!»

Faccio scorrere lo sguardo sulle etichette incollate alle boccette. Giulia ci ha scritto, a mano, i nomi: «Yeti felice», «Bolla prima infanzia», «Batticuore», «Festa grande»... Vorrei provarle tutte, ma alla fine mi fermo su «Essenza del femminile».

«Questa qui.»

I nostri sguardi si incrociano. In una frazione di secondo, lei sbatte le ciglia per sfuggire al contatto visivo e si concentra sulla nuova prova imbibendo altre biglie. Deve percepire che non la lascio un momento con lo sguardo. Osservo le sue lunghe mani sottili dalle unghie di madreperla, le guance leggermente arrossate dal calore della stanza, dal vino e dall'intensità di quel momento così poco ordinario.

Avvicina il viso al mio per tenere il dispositivo olfattivo a portata del mio naso. Chiudo gli occhi per impregnarmene meglio.

Lei aspetta il mio verdetto.

Quando riapro gli occhi, tenta di leggere un parere sul mio volto. Capisce immediatamente che non sono del tutto convinto.

«Manca qualcosa, vero?» dice, senza nemmeno aspettare che io verbalizzi la mia risposta.

Annuisco, ma la rassicuro subito: in realtà la prova è già molto convincente!

«Le tue associazioni sono davvero incredibili! Manca solo qualcosa, di piccolo... una punta di rotondità, una nota tenera e voluttuosa, non so se capisci quello che voglio dire...»

Sembra apprezzare le mie parole e accogliere con piacere quelle mie osservazioni a caldo. È deliziosa, quando fa così. Se ne rende conto?

«Permetti?»

L'idea è azzardata, ma irresistibile: le chiedo di annusare quel profumo dalla sua pelle. Mi chino, sollevo con la mano la massa pesante dei suoi boccoli castani per liberare la linea del suo collo e inspiro. La sensualità del momento ci travolge entrambi. La sento trasalire al contatto delle mie labbra che le sfiorano la nuca e la mia mano si immerge più profondamente tra i suoi capelli. Non saprei descrivere il calore e la dolcezza del momento. Mi allontano, senza togliere la mano. I nostri visi sono vicini e leggo lo stesso turbamento nel suo sguardo. Nonostante questo, lei si scosta e riprende una distanza più appropriata, forse più rassicurante.

«Allora, cosa manca?»

Sono deluso. Se non ci fosse quel leggero tremolio nel timbro della sua voce, potrei pensare di aver sognato un istante fa.

«Sei tu la specialista», dico, un po' piccato.

Fa finta di non notarlo e riflette ad alta voce.

«…forse la delicatezza di un fiore bianco? O un accordo rotondo, orientale-vanigliato? Aspetta, vado a prendere i flaconcini per provare…»

Fa per alzarsi. La trattengo delicatamente dal polso. Ho una terribile voglia di baciarla. Devo osare? Ma dopotutto sono o non sono un adepto dell'audacia? Allora mi chino lentamente e le poso un delicato bacio sulle labbra. O la va o la spacca.

E va.

Quanto alla sensualità delle immagini che seguono, diciamo che non sarebbero di quelle da proiettare con una torcia per bambini…

SCENA 34

«Basile, raddrizza, pende a destra!»
Benedico Arthur per il suo aiuto. In due riusciamo a malapena a tirare fuori sul marciapiede l'enorme stampo 3D di un metro di altezza, incapsulato in un globo translucido color arancio chiaro posato su una pedana nera.

Per tre volte rischiamo di farlo cadere, ma alla fine riusciamo a stabilizzarlo. Inutile dire che una simile scultura in mezzo alla strada fa un effetto incedibile! Accanto, posizioniamo un pannello che invita i passanti a scoprire il nostro nuovo concept: gli Ayami.

Quel nome dalla sonorità vagamente giapponese mi era venuto in mente lavorando sul tema dell'*identità personale* a partire da un'espressione inglese: «*I am me*».

Letteralmente: «Io sono io!». Pronunciato rapidamente, è diventato «Ayami».

Un Ayami è uno stampo digitale in tre dimensioni realizzato grazie a una stampante 3D di ultima generazione, che ho messo a punto io stesso. Lo stampo è inglobato in una palla di plastica tinta del colore che più assomiglia alla propria personalità.

L'Ayami si può mettere dove si vuole, per testimoniare e manifestare la propria unicità e singolarità. Come tutte le creazioni del bazar, gli Ayami hanno una funzione simbolica, quella di un oggetto-àncora per ricordarsi l'essenziale: «Non perdere mai di vista chi sei e fa' in modo di essere dove devi essere».

Il progetto Ayami è nato come risposta agli attacchi

dell'associazione Civilissimo al Bazar della zebra a pois. Purtroppo, la direttrice dell'associazione è anche la caporedattrice della «Dépêche du Mont», e mi sta dando del filo da torcere! Devo cercare di contrastare gli effetti disastrosi delle sue ripetute azioni di ingerenza sull'opinione pubblica e cercare di riconquistarne i favori mi richiede un sacco di tempo e di energia, imponendomi di usare la fantasia. In un piccolo comune come questo, ogni voce conta.

Il suo ultimo articolo è stato devastante per l'immagine del negozio, poiché Louise Morteuil ha esplicitamente denunciato la mia sventatezza: aver assoldato un «minorenne nei guai con la giustizia per aver vandalizzato gli spazi pubblici della città» è ai suoi occhi un comportamento del tutto irresponsabile. Ne ha approfittato per rigirare il coltello nella piaga tirando fuori l'ormai celebre «incidente Vuitton», l'oltraggio alla borsa di lusso di una madre, membro di una delle famiglie più in vista della città, rovinata da Arthur con uno dei suoi graffiti.

Le certezze granitiche di Louise Morteuil mi avevano letteralmente fatto infuriare: quella donna non metteva in discussione il suo punto di vista nemmeno per un istante. Non riusciva a immaginare che il lavoro di Arthur al bazar potesse essere importante per lui? Non riusciva a immaginare quanto gli facesse bene recuperare fiducia in sé stesso e quanto potesse aiutarlo a uscire dalla spirale degli insuccessi?

A quanto pareva, no, non ci riusciva. Certo, Arthur non era un ragazzo come gli altri. Certo, non era uno studente «modello». Ma io ero convinto che facendo emergere e dando spazio ai suoi talenti avrebbe trovato la sua strada.

Era stato pensando a lui che avevo cominciato quel lavoro attorno al tema dell'individualità. Tutti noi abbiamo il «nostro DNA», ma ognuno di noi deve riconoscerlo e farne qualcosa.

Differenziarsi coltivando la propria identità e unicità.
Nutrire la fiducia nel proprio valore.
Affermare e sviluppare i propri talenti specifici.

Desideravo che ognuno potesse concedersi la possibilità di scoprire il proprio DNA. Stare bene con sé stessi, affrancarsi dallo sguardo altrui per tracciare la strada che si è scelta e non quella che gli altri ci hanno indicato. Questo poteva cambiare tutto!

Ho di nuovo un pensiero per Arthur e mi innervosisco all'idea di come il sistema scolastico metta le persone al bando, fuori gioco.... Mi ha fatto venire in mente un vecchio film di Pagnol, *Le Schpountz*, con Fernandel, in cui a un certo punto si dice: «Non è che non sei buono a nulla, è che sei scarso in tutto!».

Forse sono un inguaribile idealista, ma nessuno può togliermi dalla testa la convinzione che le persone senza potenziale non esistano, sono solo persone che non hanno trovato il proprio posto.

Arthur e io siamo davvero contenti dell'effetto prodotto dall'Ayami gigante. Abbiamo previsto un evento per il lancio del prodotto alle due di oggi pomeriggio. Ho voluto giocare tutte le carte possibili, compreso un video virale che promette un Ayami gigante alle prime venti persone che si presentano.

Giulia arriva in negozio all'una con i panini. Io e Arthur ci buttiamo sul sacchetto come se non mangiassimo da giorni. Saremo anche esseri singolari, ma abbiamo fame, come tutti.

«Manca solo un buon caffè!»

«Peccato che la macchina si sia rotta...»

Lancio uno sguardo implorante a Arthur: «Senti un po', non è che andresti a prendere due caffè al bar di fianco, per salvare questo pomeriggio?».

Sospira, ma prende la banconota che gli tendo.

Non appena ha varcato la porta, io e Giulia ne approfittiamo per baciarci come due adolescenti.

Sentiamo tossicchiare. Arthur è in piedi nel vano della porta e ci sgrida: «Vi segnalo che dovremmo aprire tra cinque minuti e c'è già una coda pazzesca fuori!».

«Non ci credo!»

«Invece sì. Quindi, su, al lavoro, adesso!»

Di colpo ha indossato la sua maschera da adulto: una maschera che gli va ancora un po' grande, ma che gli starà benissimo.

«Guastafeste!» esclama sua madre, alzandosi.

Arthur brontola vedendola prendere delle caramelle gommose alla fragola previste per l'accoglienza dei visitatori.

La sua allegria ritrovata mi incanta. Non oso attribuirmene il merito, ma mi piace credere di non esserne del tutto estraneo. Quel che sento per lei è qualcosa di diverso dal solito. Non capisco ancora bene cosa mi accade. Ma bisogna davvero capire? Rimango per un istante fermo ad ammirarla fino a quando suo figlio mi tira la manica e mi spinge dietro la stampante 3D. Noto che mi guarda con una certa indulgenza, quella che si riserva di solito ai convalescenti e agli innamorati.

Eccomi pronto a creare Ayami in serie. Ci vogliono meno di cinque minuti per produrne uno. Una prodezza tecnologica! Chiedo a Arthur di aprire la porta; i clienti già si accalcano nel negozio.

SCENA 35

Pollux cammina con passo rapido e sicuro. Si sente spuntare le ali. Deve essere questo, la felicità: ha dato appuntamento a Giulia in una sala da tè. Ha osato. Ha osato così poche volte in vita sua! Ma per lei è pronto a tutto. Raramente ha messo tanta cura nel prepararsi per uscire; il giorno prima è perfino andato dal barbiere. Per la maggior parte delle persone è una cosa di una banalità estrema, ma non per lui! Dire che ha orrore del barbiere non rende l'idea. Non è solo una cosa che non gli piace: nel suo caso la faccenda sfiora proprio la fobia. Non ha mai potuto sopportare che qualcuno gli toccasse la testa. Quanto ai capelli, è un erede di Sansone: ha l'impressione che tagliarne anche solo un centimetro gli tolga le forze, gli porti via qualcosa di sé. Eppure, lo ha fatto. Certo, stringendo i denti per tutto il tempo, soprattutto quando la forbice gli passava sulla nuca facendogli fremere ogni porzione della colonna vertebrale, un riflesso di ribrezzo di cui non era mai riuscito a liberarsi.

Aveva perfino sopportato le esclamazioni del barbiere di fronte alla secchezza indecorosa della sua capigliatura e sopportato una lezione di morale tricologica circa la necessità di una cura settimanale per capelli tanto crespi. Un'ora dopo, con un taglio più corto di diversi centimetri, aveva passato lunghi minuti a guardare il suo viso nello specchio. Soprattutto la nuca, quella sconosciuta, sepolta da anni sotto lunghe e spesse ciocche. Ci aveva passato e ripassato le dita, accarezzandone la superficie liscia e corta con incredulità.

Pollux saluta un conoscente per la strada; non l'ha riconosciuto subito e la cosa lo fa sorridere. Si rivede tre giorni prima, nell'ufficio di Louise Morteuil da Civilissimo. Lei non riusciva ad accettare la faccenda degli Ayami, che facevano furore in città. Ovunque, giovani e meno giovani esibivano orgogliosamente, alla cintura o sulla borsa, la loro impronta digitale in 3D in una palla colorata. *I am me.* «Un anglicismo, per di più!» aveva esclamato davanti a lui. «Rivendicare la propria singolarità? E poi cosa ancora?» Vedeva negli Ayami un attacco ai suoi valori, un attacco personale. Pollux le aveva lasciato pazientemente sfogare la sua indignazione.

«Ma... tu volevi dirmi qualcosa?»

«Sì, ho deciso di lasciare Civilissimo.»

La donna aveva chiesto spiegazioni. Lui aveva risposto che non si riconosceva più nella posizione dell'associazione. Dopo un momento di contrarierà, legato soprattutto alla perdita di tempo che quella defezione le avrebbe causato per trovare un sostituto, lei lo aveva ringraziato e congedato con un bell'«arrivederci» che suonava come un «alla buon'ora». Pollux non era troppo sorpreso. Louise Morteuil riteneva le sue competenze utili all'associazione, ma non aveva mostrato la minima voglia di conoscerlo davvero, in quanto persona.

"D'ora in avanti sarà tutto diverso!" si dice, mentre si avvicina alla sala da tè. Oggi è il primo giorno della sua vita da «persona visibile». Finita la trasparenza: vuole esistere agli occhi del mondo! Soprattutto vuole esistere agli occhi di lei.

Quando la intravvede dal vetro, la sua sicurezza vacilla. La fifa ha il sopravvento. Si asciuga nervosamente le mani umide sui pantaloni. Di colpo esita, è tentato di tornare indietro. Le telefonerà più tardi, dicendole che ha avuto un imprevisto! Cerca di respirare più lentamente e sente il cuore battere in modo sgradevole nel petto. Eppure, si riprende. Non può più tornare indietro, non ora che ha fatto tutta quella strada. Deve andare fino in fondo.

Nello slancio, apre un po' troppo forte la porta d'ingresso che va a sbattere sul fermaporta. Diversi visi si girano verso di lui, accrescendo il suo disagio. In tre passi la raggiunge al tavolino; lei si alza e gli sorride, facendogli venire le gambe molli. Lo saluta con due baci sulle guance. Non si è profumata. Pollux avverte una punta di delusione, ma la ignora. Non deve distogliere l'attenzione dall'obiettivo. Si siede e apre la bocca, pronto a confessare tutto.

SCENA 36

Giulia cammina con passo rapido e sicuro. Ha appuntamento con Pollux, che dice di aver bisogno di parlarle. Lei ha accettato: è in quello stato d'animo per cui si ha voglia di compiacere agli altri. Prova una strana sensazione, tipica delle persone felici: quando finalmente sperimentano la gioia, sentono di doverla redistribuire attorno a loro. Per questo ha deciso di accordare quel momento a Pollux. Oggi cammina a un metro da terra. Ha passato una bella giornata, eccitante, interessante, a perfezionare le atmosfere olfattive e proseguire le sue ricerche. Una giornata che si concluderà più tardi nel più piacevole dei modi, al Bazar della zebra a pois, dove deve raggiungere Basile appena concluso il suo appuntamento con Pollux. Ciliegina sulla torta: la sera prima, l'annuncio della bellissima novità di Arthur, inattesa quando sorprendente.

Suo figlio era tornato a casa fiero come un cavaliere vittorioso, brandendo il biglietto da visita di un certo Yves Lemoine. Incuriosita, Giulia gli aveva chiesto di raccontarle cosa era successo.
Arthur aveva creato un po' di suspense, pregustando il racconto: mentre stava trascorrendo un bel momento con Mila, ufficialmente la sua ragazza da qualche settimana, lei gli aveva detto che suo padre voleva conoscerlo. Arthur ne era stato sorpreso e un po' preoccupato, temendo che volesse mettere alla prova la serietà del fidanzatino che la figlia si era scelta.

Il padre di Mila aveva dato loro appuntamento in una brasserie per «prendere una cioccolata calda». «La mia ex moglie mi ha mostrato la borsa Louis Vuitton rivisitata da te», aveva esordito. A Arthur si era ghiacciato il sangue nelle vene. Poi il padre di Mila era scoppiato a ridere. «Sta' tranquillo, non voglio mica sgridarti. Al contrario... devo dirti una cosa: mi è piaciuto da matti!» Arthur non credeva alle sue orecchie. Mila sorrideva, al settimo cielo. Conosceva suo padre e sapeva già cosa stava per proporgli: «Dirigo un'azienda di creazione di abiti e accessori. Ti piacerebbe venire a fare uno stage di un mese da noi quest'estate? Sono sempre alla ricerca di persone che hanno idee e un po' di audacia, e so riconoscerle quando ne incontro una!».

Giulia ha ancora un sorriso beato stampato sulla faccia quando arriva in vista della sala da tè. È davvero felice! Rivede la gioia di suo figlio mentre cammina in lungo e in largo per il salotto raccontandole dell'incontro, risente la sua eccitazione contagiosa. Sembra che la fortuna gli sorrida, finalmente! Ma sarà poi solo fortuna? No, non solo... L'arrivo di Basile nelle loro vite ha fatto soffiare un gran vento di *audacia*.

Un'energia formidabile, di quelle che ti danno davvero una spinta in avanti.

Giulia entra da Chez Odette con il pensiero a Basile e sente salire un'ondata di gratitudine nei suoi confronti e... qualche cosa d'altro che potrebbe assomigliare... all'amore? Torna con i piedi per terra. No, non può succedere così velocemente. Seduta a un tavolo vicino al vetro, tenta di analizzare gli eventuali sintomi del sentimento amoroso; si diverte a spuntare mentalmente le caselle che confermano la diagnosi. Persa nei suoi pensieri, non ha visto Pollux arrivare. C'è qualcosa di diverso nel suo aspetto. Che cosa?

«Hai cambiato pettinatura!» esclama lei, con la gioia esagerata delle persone che vivono sulle nuvole. «Stai bene!»

Arrossisce. Giulia ha sempre trovato commoventi gli uomini che arrossiscono. Ha l'aria intimidita: ma da quando lei gli fa paura? Cerca di metterlo a suo agio, lo incoraggia a parlare. Lui si agita sulla sedia, come se stesse covando un uovo, impacciato.

«Dai, smettila, mica ti mangio, no?»

Pollux si torce nervosamente le mani e abbozza un sorriso.

«No, non è questo... è che quello che ti devo dire non è una cosa facile...»

Ah sì?

Giulia si sforza di accordare a Pollux tutta la sua attenzione, ma non riesce a impedirsi di lanciare ogni tanto uno sguardo al cellulare per vedere se c'è qualche messaggio di Basile. Perché Pollux si è messo a ripercorrere la storia dei dieci anni in cui hanno lavorato insieme da Olfatum? E che tono solenne.... Il tono di chi sta per annunciarti un cambiamento di vita importante. Lui insiste sulla sua gentilezza, il suo sorriso, la sua meravigliosa *presenza* quotidiana. Il livello dei complimenti fa scattare l'allarme imbarazzo.

«Ti ringrazio, Pollux, ma non ho fatto niente di speciale; ho solo cercato di essere una buona collega.»

Lui non demorde.

«No, non hai fatto solo quello.»

Il suo viso diventa ancora più serio.

«Devo confessarti una cosa... Io sono membro dell'associazione Civilissimo.»

Nel cervello di Giulia, la connessione richiede qualche secondo di tempo. Civilissimo... ah, sì, la famosa associazione guidata dalla Grande Inquisitrice dei costumi.... Louise Morteuil! La Rompiscatole! La donna orrenda che sta ammorbando la vita di Basile e di suo figlio da mesi! Costernazione. Di colpo il suo sorriso svanisce. Non riesce a capire.

«Prima di tutto, voglio dirti che ho lasciato l'associazione.»

«Ah...»

«E l'ho fatto per te, Giulia.»

«Ah...»

La conversazione prende un tono sempre più imbarazzante.

«All'inizio, quando Louise Morteuil mi ha spedito a studiare le Teste-totem, non sapevo che tu conoscessi Basile. Poi quando sono state confiscate...»

«Sei stato tu che hai fatto confiscare le Teste-totem?!»

Pollux si contorce sulla sedia, a disagio.

«Non lo sapevo!» tenta di giustificarsi.

«Ma poi? Perché non ce lo hai detto?»

«Avevo paura della tua reazione... Nel momento in cui stavo per parlartene, mi hai proposto di partecipare alla concezione del design del detonatore sensoriale... Ero così felice!»

Un malessere sordo invade Giulia.

«Ah...»

Gli occhi di Pollux brillano sempre di più. Giulia indietreggia e si schiaccia contro lo schienale della sedia. Pollux si china in avanti, come per compensare il suo distacco.

«Non puoi immaginare l'effetto che hai su di me, Giulia. Con te vicina, ho l'impressione che tutto possa cambiare! Hai il dono di accendermi, come una fiamma... Quando ci sei tu, non sono più Pollux, sono finalmente Paul, capisci?»

In uno slancio improvviso, afferra le mani di Giulia e le stringe con forza. Lei sente le sue mani sudate e bollenti. Pollux travisa il senso del suo trasalire e si lascia andare alla forza travolgente della confessione.

«Giulia! Io provo qualcosa per te. Penso di amarti come non ho mai amato nessuna donna. Sono sicuro che potrei renderti così felice! Tutti i giorni, sorriderai come oggi! Non vedrò mai più la tristezza sul tuo viso. Staremo bene insieme, te lo prometto!»

Giulia ritira velocemente le mani, costretta a mettere in quel gesto una certa forza tanto Pollux gliele stringe. A lui si gela il sangue nelle vene per l'angoscia. Ora Giulia è drittissima, rigida, di fronte a lui.

«Pollux, credo che ci sia un grosso malinteso.»

«...»

«Ti ho sempre apprezzato come collega. Ti trovo davvero... gentile!»

«Gentile?» ripete lui, come se avesse ricevuto il peggiore degli insulti.

Non sapendo come tirarsi fuori da quella situazione, durata anche troppo, Giulia si butta.

«Ascolta, Pollux...»

«Paul, per favore.»

«Paul, mi dispiace, ma non ricambio i tuoi sentimenti. Non credo che ci sia mai stata ambiguità su questo da parte mia. Trovo eccezionali i cambiamenti che stai facendo, ma io non sono la persona per te... Ora vado, ok?»

Il silenzio di Pollux è eloquente. Sembra un pugile suonato. Non riesce a sopportare di vederlo in quello stato.

«Arrivederci Poll... ehm, Paul.»

Giulia non aspetta la sua risposta e sgattaiola fuori dalla sala da tè, sollevata di ritrovare l'aria aperta. Un amore non desiderato è soffocante quanto un profumo cattivo e penetrante.

SCENA 37

Pollux la guarda andar via con un senso di irrealtà. Ecco qui: la sua storia d'amore, appena nata, è già naufragata. La sua amata è fuggita perché la sola idea di stare con lui, glielo ha letto negli occhi, le appare grottesca. Pollux guarda la sua immagine nell'elegante specchio della sala da tè e non può che darle ragione: è bruttissimo. Come ha potuto pensare anche un solo istante che lei potesse amarlo? Si passa una mano tra i capelli ormai corti e le sue dita si chiudono in un pugno. Vorrebbe tirarli fino a farsi male, fino a strapparseli, quegli orribili capelli gialli.

Soffoca dei singhiozzi, poi, in un soprassalto di orgoglio, si riprende. Non può lasciarla andare via così! Non può abbassare le braccia da subito! Rivede la scena nella sua mente: forse non ha saputo trovare le parole giuste, avrebbe dovuto mostrarsi più sottile, dire le cose in un altro mondo. È stato troppo diretto e lei si è spaventata. Allora si raddrizza sulla sedia, mosso da una subitanea certezza: deve provare a spiegarsi di nuovo, farle capire meglio chi è lui, l'intensità dei suoi sentimenti, e farle aprire gli occhi sull'evidenza della loro intesa unica! Si alza di scatto e lancia una banconota sul tavolo. Deve raggiungerla, al più presto!

Non può essere lontana, ci ha messo solo pochi secondi a prendere quella decisione. Riflette: deve aver svoltato per forza a destra, verso il centro città e verso casa. A sinistra, c'è solo una zona residenziale dove non avrebbe motivo di andare. Si mette a correre, poi all'improvviso riconosce la sua silhouette longilinea che attraversa la strada

sulle strisce pedonali. Giulia entra nella gastronomia. Lui si schiaccia discretamente contro il muro esterno per osservarla dentro il negozio: leggera e affascinante. La immagina mentre chiede consiglio per acquistare formaggi e ottimi affettati. Il negoziante si sposta davanti agli scaffali delle bottiglie di vino. Giulia sceglie una bottiglia di rosso e, all'improvviso, alza gli occhi nella sua direzione. Pollux si spalma letteralmente contro il muro perché lei non lo veda.
Ma dove va? Per chi compra tutte quelle delizie?
Una voglia più imperiosa di quella di avvicinarla prende il sopravvento: scoprire dove è diretta, e, soprattutto, da chi.

Quando Giulia esce, si fa discreto come un'ombra. Lascia che lei prenda un po' di vantaggio per non essere notato. Sembra felice e Pollux, di colpo, la odia per questo: come può averlo lasciato così disperato e l'istante dopo essere così volubile e spensierata? Lo ha spazzato via dalla sua mente nel giro di pochi secondi. Il suo cuore sobbalza sotto l'urto di quel pensiero. Si sente tradito, umiliato. Terribilmente deluso. Le unghie gli si conficcano nel palmo senza che nemmeno se ne accorga. Le grandi tristezze anestetizzano i dolori epidermici.
Continua a seguirla. Il pedinamento è facile perché Giulia non si cura di nulla. Pollux si ferma quando la vede entrare nel Bazar della zebra a pois. Ah, deve avere ancora dei dettagli da mettere a punto per il progetto del detonatore sensoriale. È una delle cose che ammira di lei: la sua dedizione per il lavoro. Diverse persone lo incrociano, alcune lo guardano di sottecchi. La sua sagoma imponente non passa inosservata.
Aspetta per un bel po'. Nel momento in cui comincia a trovare lunga l'attesa, la vede apparire con Basile, a braccetto. La loro gioiosa complicità suona come un'offesa alla sua tristezza. Basile tiene in mano un mazzo di chiavi e si gira a chiudere il negozio. Lei gliele ruba e si diverte a fargliele sventolare sopra la testa perché le afferri. Pollux os-

serva il gioco. Basile sembra prenderci gusto. Tenta di afferrarle nel momento in cui lei non se l'aspetta. Mancate. È stata più rapida. A Basile sembra di sentire una risata. Il gioco continua, e Pollux continua a osservare quella Giulia birichina e allegra, che non conosce. Vederla così lo sorprende, è quasi uno choc. Alla fine, Giulia nasconde le chiavi dietro la schiena e si tiene dritta come un fuso davanti all'inventore, che non sembra rassegnato a darsi per vinto, avanza un po' verso di lei e la avvolge con le braccia per andare a cercare il mazzo, che cade per terra con un gran fracasso. Pollux, con un groppo in gola sempre più grosso, si aspetta che lui le raccolga; invece, abbraccia Giulia ancora più stretta e la bacia voluttuosamente sulla bocca. L'evidenza della situazione colpisce Pollux come uno schiaffo: è più di quanto possa sopportare.

Uno tsunami di emozioni si abbatte dentro di lui. Attraversa la strada per scappare lontano e per un pelo non viene investito da una bicicletta che non aveva visto. La vista gli si annebbia, di tristezza, di rabbia. Non è più lucido. Una volta sul marciapiede di fronte, si gira di nuovo e scorge la coppia che si allontana, quasi barcollando sotto la gioia dello stare insieme, quella gioia leggera, aerea, che non conoscerà mai con lei. Inciampa in un ciottolo malmesso – stanno facendo dei lavori in quel punto – e impreca a voce alta. Maledetto sasso! Si china a raccoglierlo e lo fa girare e rigirare tra le mani, con una voglia crescente di scagliarlo lontano. Tira su rumorosamente col naso. Non si è reso conto delle lacrime che gli rigano le guance. Si asciuga il naso con il rovescio della manica. Fa schifo, ma che ci può fare? E a chi importa, ad ogni modo?

Ora la rabbia prende il posto di tutto. Il Bazar della zebra a pois sembra sfidarlo, beffardo. Se quel maledetto negozio non avesse mai aperto, il cammino di Basile non avrebbe mai incrociato quello di Giulia. Allora avrebbe avuto una possibilità. Forse.

«Stronzo!»

In un accesso di rabbia, Pollux lancia il sasso contro la vetrina, che va in mille pezzi. Sorpreso dalla violenza del suo stesso gesto, indietreggia, impaurito. Il rumore assordante l'ha come svegliato dalla sua crisi di amara follia. Mormora un «mi spiace, mi spiace» che nessuno sente e scappa nel buio incipiente della sera.

SCENA 38

"Basile, sei davvero fortunato", mi dico, osservando il mio riflesso nello specchio dell'ingresso. Ho appena lasciato le braccia di Giulia dopo una notte dolce come un *Notturno* di Chopin. È arrivata ieri in negozio come una piccola Cappuccetto Rosso, con un cestino di delizie. Per tutta la serata mi ha incantato con la sua allegria, punteggiata da momenti di incredibile freschezza giovanile, e la sua femminilità, così sensuale, sembrava uscire da un lungo sonno, come se io fossi riuscito, simile al principe delle fiabe, a risvegliarla. Tutto ciò era una sorpresa divina! Sapevo che eravamo entrambi due reduci dell'amore e che avanzavamo con grande prudenza sul lago gelato di Eros, Filìa e Agape. Le nostre rispettive storie avevano lasciato importanti ferite in ciascuno di noi, ma volevo credere che l'intensità di quel che sentivamo ci avrebbe consentito prima o poi di superarle.

Rivedo il suo viso immerso nella luce del primo mattino, gli occhi ancora pieni di sonno, ma già illuminati dal bagliore del desiderio, così toccante quando è mescolato alla tenerezza. Mi sorprendo a fischiettare in mezzo alla strada e a sorridere da solo. Allora accendo il cellulare, che è spento dalla sera prima, tanto ero occupato dalle mie faccende amorose. Sono sorpreso di veder apparire una dozzina di notifiche. Sto ascoltando il messaggio di un agente di polizia allertato la sera prima da alcuni vicini nel momento stesso in cui arrivo davanti al bazar: la vetrina è in frantumi! Il mio buon umore crolla all'improvviso.

«Oh, no! Non ci posso credere!»

Ma cosa mi deve succedere ancora con questo negozio?

Constato con un brivido l'entità del danno. È un atto di vandalismo deliberato! Non ne posso più di vedere come il bazar viene attaccato! Non ho bisogno di un'inchiesta per capire da dove venga quell'ennesimo colpo basso... Finora sono stato bravo e educato, ma ora è troppo. Se bisogna passare alle maniere forti, sono pronto.

È anche un pessimo colpo per gli affari: ci sono vetri dappertutto e non posso certo pensare di aprire. Passo la mattinata a ripulire e a sbrigare le incombenze necessarie in circostanze del genere: chiamare la polizia per fare una constatazione dei danni e sporgere denuncia, allertare l'assicurazione per dichiarare il sinistro, sentirmi dire che probabilmente la riparazione non sarà coperta, data l'assenza di serranda di metallo a protezione della vetrina – come scritto nella clausola di pagina quarantatré del contratto, nelle note, corpo quattro.

Visto che non c'è alcun segno di tentativo di effrazione, si tratta di un caso di puro danneggiamento. Se questa città non mi vuole, perché restare? Per un momento, mi sento scoraggiato. Devo essere anche un po' stanco. Le ultime settimane sono state intense: non mi sono risparmiato, su tutti i fronti! Forse troppi fronti? Contrastare gli attacchi di Louise Morteuil mi ha richiesto un'energia pazzesca. È il genere di piccola guerra quotidiana che si somma a tutto il resto: mettere in pista il progetto del detonatore sensoriale con Giulia, far quadrare gli affari del negozio, sviluppare le vendite online a livello nazionale e internazionale, gestire l'ordinaria amministrazione di un'attività indipendente e concepire continue risposte ai sabotaggi di Civilissimo.... Tutta questa fatica mi ha messo al tappeto!

Devo arrendermi all'evidenza: sono un imprenditore sull'orlo di una crisi di nervi. Come posso conciliare tutto, se c'è qualcuno che prova un malsano piacere a mettermi sempre i bastoni tra le ruote? Mi lascio cadere su una sedia e rivolgo uno sguardo vacuo sulla vetrina fracassata. Ho chiamato il vetraio, prima. Pessime notizie: a quanto pare, il modello che ho scelto proprio per la sua originalità, non è di serie e non potrà essere consegnato prima di due settimane. Gli operai passeranno più tardi a mettere delle assi per proteggere il negozio nel frattempo. Il che significherà peraltro restare al buio. L'ideale per vendere, è risaputo.

Maledico la Morteuil.

Ma non finisce così, parola di Vega.

Sull'onda della rabbia, inizio a concepire il contrattacco. Mi alzo per andare a prendere il quaderno nel retrobottega e velocemente stendo le prime idee sulla pagina bianca. La strategia si delinea e io ricomincio a respirare. Prendo il telefono per avvisare Giulia di quel che è successo. Sentirla così coinvolta e tenera al telefono mi rasserena all'istante.

«Ho preso una decisione, Giulia...»

«...»

«Voglio chiudere il Bazar della zebra a pois...»

«Cosa?»

«Aspetta! Non mi hai fatto finire la frase. Non ho mica detto per sempre!»

Sento un sospiro di sollievo dall'altra parte.

«Credo di aver bisogno di una vera pausa. Ho pensato che...»

«Dimmi!»

«...che potrei chiudere il negozio per due o tre settimane, il tempo necessario per far calmare le acque. Cogliere l'occasione per prendere un po' di distanza rispetto a tutta questa situazione, capisci, e approfittarne anche per...»

Mi interrompe: «Passare un po' di tempo insieme!» esclama con un entusiasmo contagioso.

Mi fa sorridere, e condivido la sua esaltazione.

«Sì! In effetti, pensavo che potremmo unire l'utile al dilettevole...»

«Fai il misterioso...»

«Ok, tregua e interruzione della suspense: che ne diresti di andare due settimane a Parigi? Potremmo passare del tempo insieme, ma anche incontrare qualche persona utile al lancio del tuo detonatore sensoriale...»

«Qualche persona...?»

«Volevo farti una sorpresa, ma a questo punto te lo dico: ho ottenuto degli appuntamenti con degli investitori e potenziali distributori.»

Accoglie la proposta con un grande e sonoro «sì»! Qualche decina di baci virtuali dopo, mettiamo giù. Il mio ottimismo è tornato al livello ottimale e, con energia, contatto il comune. Quando chiedo di parlare con il sindaco, una segretaria mi rimbalza seccamente. Normale. Le scodello allora il mio numero di cittadino fuori di sé e sciorino «una a una» tutte le mie ottime e legittime motivazioni di scontento. Faccio in modo di essere esplicito sull'urgenza di un colloquio con il primo cittadino, che potrà restare tale solo se saprà mostrarsi sufficientemente attento ai suoi amministrati, soprattutto nel caso di un onesto e rispettabile commerciante come me, vittima di una ingiusta persecuzione. Quel cerbero ha iniziato ad ascoltarmi davvero solo da quando ho accennato agli appoggi di cui disponevo ai più alti livelli dello stato, tra le più eminenti personalità politiche, che sicuramente non avrebbero capito, se la vicenda fosse arrivata fino alle loro orecchie, come il sindaco di Mont-Venus non abbia preso le misure necessarie per difendere un negozio come il Bazar della zebra a pois, luogo che incarna lo spirito di innovazione e imprenditoria invocato dal governo in questi tempi di crisi.

«Ho delle prove per confermare questo sostegno», dico per dare l'ultima spinta alla mia causa.

Con una certa soddisfazione, appena finita la mia requisitoria, sento la frase-sesamo dell'assistente pronunciata a malincuore con la sua voce impostata: «Rimanga in linea, vedo se è disponibile...».

SCENA 39

Opus trova la padrona ancora più agitata del solito.

Stamattina ha reclamato le sue crocchette con una mimica sapientemente messa a punto nel tempo: un musetto tra il tenero e l'implorante, perfezionato nei mesi, che di solito gli permette di vedere esauditi in tempo rapido i suoi desideri canini. Ma è andato tutto di traverso. Ha dovuto aggiungere numerosi gemiti di supplica per attirare l'attenzione della padrona prima che, esasperata, si decidesse a prendere un sacchetto di cibo secco e ne versasse un po' nella sua scodella – soprattutto, di fianco alla scodella. Quanto al piccolo vizio del paté per cani, be', meglio farsene una ragione: non gli sarebbe nemmeno passato sotto il tartufo.

In segno di protesta, ha deciso di mordicchiare una delle scarpe con il tacco dimenticate dietro al divano e di servirsene come giocattolo di fortuna. Dopotutto, avrà diritto anche lui ad avere i suoi umori, no? La padrona non è stata dello stesso avviso, quando ha scoperto il tacco mezzo rosicchiato e lui ha dovuto sorbirsi tutto il catalogo degli insulti. Una cosa davvero spiacevole: con la coda tra le gambe, ha fatto per rifugiarsi nel suo cesto a mettere il muso in santa pace, ma la padrona glielo ha impedito con la forza. A quanto pare, dovevano uscire con urgenza. L'ha preso senza troppo riguardo e se l'è ficcato in mezzo alle gambe per immobilizzarlo. Saprà mai quanto è ridicolo l'impermeabile giallo con cui lo agghinda quando piove e il cui materiale plastico gli fa rizzare il pelo in modo orribile?

Camminano da dieci minuti a passo spedito. Opus sente che non è il caso di fermarsi a ogni angolo di lampione. Oltrepassano l'umana che abita la panchina ai piedi del castagno segnato dallo scottish terrier col collare di strass e arrivano davanti al grande edificio dal pavimento freddo con, all'ingresso, quei lenzuoli tricolori che sventolano nell'aria.

Per far piacere alla sua padrona, Opus sale con passo leggero la grande e familiare scalinata del comune. A differenza di lei, che non ha ancora disserrato le mascelle, gratifica con vigorosi scodinzolamenti tutti gli umani che incrocia.

Una signora che profuma di patchouli lo fa entrare nell'immenso ufficio col parquet scuro che Opus conosce e apprezza per il morbido tappeto. La padrona si intrattiene con l'esemplare maschio vestito di scuro. Impossibile fare un pisolino, come aveva pensato: quei due umani abbaiano in un modo inverosimile!

«Questa faccenda è andata troppo oltre, Louise!»

«Signor sindaco, dica piuttosto che non vuole più sostenere l'azione di Civilissimo!»

«Ma per niente, Louise! Mi creda, io apprezzo quello che la vostra associazione fa per la città. Ma è un problema di misura! Quel Basile Vega è venuto a trovarmi e mi ha fatto la lista degli attacchi che ha subito il suo negozio...»

Opus drizza distrattamente un orecchio per percepire le variazioni di intonazione degli umani e valutare il tasso di aggressività, come fa quando due cani sono sul punto di azzuffarsi.

«È davvero troppo, Louise! Gli articoli denigratori sul giornale, la confisca delle Teste-totem, lo scandalo della Tag-box, un episodio dalla gravità del tutto discutibile, peraltro, la messa al bando del negozio sul sito internet.... e ora la vetrina in frantumi!»

La padrona esplode: «Ma io non c'entro niente con quell'atto di vandalismo!».

Il maschio si schiarisce la voce prima di continuare: «Ci sono informazioni nuove che lei ignora, Louise...».

«Ah...»

L'umano maschio tira fuori un foglio da un grosso classificatore nero e lo tende alla padrona.

«Che cos'è?»

«Un ordine di acquisto. E guardi meglio da chi arriva, Louise.»

«Da... dalla *première dame*!»

Opus drizza di nuovo l'orecchio, sembra che alla padrona manchi il fiato.

«La *première dame* è una cliente del Bazar della zebra a pois?!»

«A quanto pare... è stata conquistata dal concept del negozio online e ha deciso di regalare diversi oggetti ad amici dell'entourage del presidente. Capirà bene che, in queste condizioni, non possiamo continuare a ostacolare questo imprenditore originale che gode dei favori delle persone più altolocate del paese. Sarebbe un imperdonabile passo falso!»

Opus è turbato dal silenzio che cala allora nella stanza.

«...capisco benissimo, signor sindaco.»

Nella risposta, la padrona utilizza un'intonazione secca e spiacevole. Lui si gratta l'orecchio con la zampa posteriore, come per scacciare quel suono dal timpano.

«Cosa si aspetta da me, allora, signor sindaco?»

L'umano maschio prende un tono duro: deve essere il modo con cui si danno ordini nella loro razza.

«Innanzitutto, desidero che lei tolga il Bazar della zebra a pois dalla lista delle attività indesiderabili sul vostro sito. In secondo luogo, desidero che a Basile Vega vengano immediatamente restituite le Teste-totem. Di questo lascio che si occupi lei con i funzionari del deposito del comune. Infine, le chiedo di smettere di scrivere articoli negativi sul negozio. Tutto chiaro?»

«Tutto chiaro, signor sindaco.»

«Bene, può andare.»

La padrona lo strattona bruscamente fuori dal palazzo, ed entrambi si trovano fuori sotto una fastidiosa pioggerellina. Mentre attraversano il parcheggio, si ferma davanti a un'auto parcheggiata su un posto riservato.

«Pipì, Opus, pipì», ripete lei fino a quando lui non esegue.

Non è il giorno giusto per contrariarla; così, per farle piacere, lascia anche un ricordino davanti alla portiera del conducente, il che gli vale un complimento e una bella carezza.

«Così impara a trattarmi come un cane», borbotta la padrona.

Opus non ha compreso l'allusione alla razza canina, ma è contento di averla soddisfatta e trotterella con passo leggero.

SCENA 40

«Hai recuperato le Teste-totem!» esclama Arthur, felicissimo nel rivederle al loro posto nel negozio.

Basile annuisce distrattamente: è già concentrato sui preparativi per la partenza.

«Sei contento?» insiste il ragazzo. «Le cose ora si sistemeranno, no?»

Non gli piace l'espressione che si disegna allora sul volto di Basile. Non lo rassicura per niente.

«Non so, Arth'... Ho davvero bisogno di prendermi un po' di pausa.»

«In che senso, non lo sai?»

Vede Basile fare una profonda inspirazione, come se quel surplus di aria lo aiutasse a pensare meglio; non è buon segno.

«Be', da un lato è vero che ho vinto l'ultima battaglia grazie al mio contratto con l'Eliseo e a quell'ordine straordinario della *première dame*, ma...»

«Ma?»

Arthur teme ciò che Basile sta per dirgli.

«Da quando mi sono trasferito qui, è tutto complicato. Troppo! Louise ora si è calmata, ma per quanto tempo? Non so se ho voglia di vivere in un comune che non gradisce davvero la mia presenza...»

«Ma cosa dici, Basile! Ci sono un sacco di persone che ti apprezzano e ti vogliono bene qui! E agli altri bisogna lasciare un po' di tempo per capire la filosofia del negozio!»

Basile gli rivolge un sorriso un po' disincantato. All'improvviso, Arthur sente come un buco in mezzo a petto. No, lui no! Non può essere abbandonato un'altra volta.

«Non starai mica pensando di andare a vivere da un'altra parte?»

«Non lo so... Non lo so. Cercherò di approfittare di queste due settimane a Parigi con tua madre per pensarci un po' con calma, ok?»

Arthur si accorge benissimo che Basile sta cercando di usare un tono di voce saldo e fermo, per non spaventarlo, ma sa che la crisi è grave. Di colpo, detesta la sua città, quella città da quattro soldi che ha fatto di tutto per scoraggiare un tipo giusto come Basile, un uomo pieno di idee, di audacia e di generosità; un uomo che è riuscito a ridargli fiducia in sé stesso, che lo ha sostenuto come un vero amico, come... un padre.

Arthur si rende conto, un po' a disagio, che sta probabilmente sviluppando per lui un sentimento più forte che per il suo stesso papà. È un male?

Una specie di grossa palla gli si forma in fondo alla gola.

«Non te ne andrai mica, eh?»

Basile deve percepire il suo scoramento, perché lo afferra per le braccia per guardarlo dritto negli occhi.

«Non ti preoccupare» gli dice, con un sorriso rassicurante «qualunque cosa accada, non ti abbandonerò.»

Nonostante tutto, Arthur non è tranquillo. È abituato agli adulti, che promettono ma non mantengono mai. Basti pensare a suo padre, che, con la scusa del lavoro impegnativo e delle frequenti trasferte viene a prenderlo solo una volta ogni tanto, quando pare a lui! Anzi, durante le due settimane di assenza di sua madre, potrà tenerlo con sé solo quattro giorni! Per il resto, Giulia ha dovuto organizzarsi con delle amiche. Arthur non è scontento di quel distacco, che gli permetterà da una parte di concretizzare la grande idea che ha in testa per venire in aiuto al bazar, dall'altra di passare più tempo con Mila... La sua prima vera fidanzata, che ha il dono di ridurgli in pappa il cervello e accelerare in modo preoccupante le sue pulsazioni cardiache.

E pensare che sua madre si preoccupa di lasciarlo da solo due settimane! Passeranno fin tropo veloci! Arthur ha dovuto tirare fuori tutta una serie di argomentazioni per convincerla che trascorrere quei giorni con Basile era un'ottima idea, una piccola fuga benefica che le avrebbe permesso, tra le altre cose, di portare avanti la causa del detonatore sensoriale.
Vede davvero di buon occhio il legame tra Basile e sua madre. La sola idea lo rende contento. Era tanto tempo che non vedeva sua madre stare così bene e, in qualche modo, questo lo alleggerisce di una certa pressione. Dalla partenza di suo padre, si era è fatto carico, più o meno inconsapevolmente, della felicità di sua madre, a cui è rimasto solo lui e, non riuscendo a onorare quella responsabilità, si è a volte sentito incapace, sopraffatto. La comparsa di Basile ha portato ossigeno nelle loro vite e lo ha sollevato di un peso.
Ecco un altro motivo per cui è fondamentale che Basile si convinca a restare e a stabilirsi definitivamente a Mont-Venus.
Il giorno della partenza, Arthur accompagna Giulia e Basile al binario del treno e bacia sua madre con tenerezza. Basile gli dà un breve abbraccio e gli rivolge qualche parola rassicurante.
«Non ti preoccupare, torniamo presto, ragazzo.»
Arthur vede sparire le due persone più importanti della sua vita a bordo del TGV che inizia a muoversi verso Parigi. Sua madre si avvicina al finestrino. Arthur agita la mano e le soffia un bacio. Il treno si allontana. Ora tocca a lui...

SCENA 41

Da qualche giorno, Arthur ha una sola e unica idea in testa: dimostrare a Basile che la città lo ama e che desidera che lui vi si stabilisca definitivamente! A tempo di record, ha messo in piedi un piano ambizioso: una petizione diversa da tutte le altre, una cosa mai vista, che potrebbe davvero fare un grande effetto. Il suo obiettivo è duplice: lasciare Basile a bocca aperta e cambiare la sua cattiva impressione su Mont-Venus; ma, anche, guadagnare l'opinione pubblica alla sua causa. Quello di Basile è ben più di un negozio: che sia nel modo di imparare, di fare impresa, di pensare, di interagire, la società deve mettersi nell'ottica di cambiare passo e cambiare secolo! Lo spirito di uno come Basile va esattamente in quella direzione.

Arthur si sente eccitato: mai in vita sua ha sperimentato una simile energia, una tale volontà di portare a termine qualcosa! Nulla può fermarlo. Per Basile si sente capace di sollevare montagne! Basile ha fatto tanto per lui, non può accettare di vederlo abbassare le braccia e lasciare Mont-Venus, scoraggiato da un pugno di individui coi paraocchi, incapaci di cogliere la sua modernità.

Purtroppo, piccolo dettaglio, il suo progetto non può vedere la luce senza approvazione del sindaco. Stavolta non può permettersi di agire nell'illegalità. Ma chi prenderebbe mai sul serio un adolescente di sedici anni che si muove da solo? Infatti, non gli avevano dato nemmeno la possibilità di parlarci, col sindaco: era stato impossibile valicare la barriera del filtro telefonico del centralino. Dopo essersi tormentato per una serata e aver valutato e soppesato tutte le possibili soluzioni, è giunto alla conclusione che solo Louise Morteuil può fare qualcosa per lui. È da lei che dipende tutto. Non ha scelta: quella donna è al contempo il problema e la soluzione. A lui tocca di andare a parlare... e convincerla.

Si è alzato presto per avere il tempo di prepararsi psicologicamente e fisicamente: i capelli perfettamente pettinati, i suoi vestiti preferiti indosso, un goccio di eau de toilette, per esaltare la sua mascolinità e, perché no, guadagnare qualche anno... È stato chiuso in casa tre giorni e tre notti per mettere a punto la sua idea. Médine è venuto a condividere con lui una pausa hamburger e a dargli il suo parere: a suo avviso, quella è la sua opera meglio riuscita! Il suo amico non è tipo che incensa facilmente, quindi il complimento vale doppio... e dato che Mila ha espresso lo stesso parere, Arthur ha cominciato a sentirsi fiducioso. La sola idea di andare a chiedere aiuto a Louise Morteuil lo mette di cattivo umore, ma deve andare fino in fondo.... Si è informato: di solito lei passa in associazione la mattina, prima di andare alla redazione e in comune. Non ha alcuna speranza che lei lo riceva, a meno di non capitare lì all'improvviso. La sua unica possibilità è una grande faccia tosta. Ha bisogno di farsi coraggio, perché la personalità di quella donna lo mette in soggezione e teme la sua reazione. Sente le mani che tremano leggermente. Che importa. Ora non può più tirarsi indietro.

Arrivato ai piedi del palazzo di Civilissimo, con il suo prezioso pressbook sottobraccio, fa una profonda inspirazione, poi spinge la porta. L'associazione si trova al secondo piano. Imbocca le scale e inizia a salire i gradini a due a due. Una targa dorata indica che è al posto giusto. Suona. Ed è *lei* che viene ad aprire. Lei in persona.

«Che cosa ci fai qui?»

Per quanto si fosse preparato a un'accoglienza fredda, quel tono secco lo destabilizza.

«Avrei bisogno di parlarle.»
«Io non ho nulla da dirti.»

Fa per chiudergli la porta sul naso, ma lui la blocca col piede e la costringe ad aprire.

«Invece mi ascolterà.»

Arthur si infila nell'appartamento, forzando la sua resistenza come un ariete, e Louise Morteuil indietreggia colta di sorpresa. Il ragazzo ha un'aria così determinata che non può far altro che lasciarlo entrare.

«Benissimo. Seguimi.»

Due o tre persone dell'associazione osservano la scena con curiosità. Arthur si raddrizza in tutta la sua altezza per darsi un contegno.

Louise Morteuil ha un ufficio vetrato che le permette di isolarsi continuando a seguire l'attività della squadra. Richiude la porta dietro Arthur.

«Prego, ti ascolto.»

"Non devo lasciarmi impressionare", pensa Arthur. Il viso di Basile gli si disegna nella mente e gli dà il coraggio di dire quello che ha sul cuore.

Inizia a raccontare. Come Basile lo ha aiutato a ritrovare fiducia in sé stesso e gli ha ridato la speranza in un futuro possibile, nonostante i suoi risultati scolastici, mettendo in valore i suoi talenti e mostrandogli una via percorribile.

«A questo uomo io devo una nuova partenza. Lei non ha idea di quel che può portare di buono alle persone, alla comunità. Non so perché si è fatta una cattiva opinione di lui, fin dall'inizio, ed è per questo che sono venuto qui oggi, per capire. *Perché*, signora Morteuil? Perché vuole affossare il Bazar della zebra a pois? Perché quel negozio le fa così paura?»

Il viso di Louise Morteuil si irrigidisce.

«Faccio solo il mio dovere, non c'è niente di personale.»

«Non credo a una parola di quello che dice! Io la sento a distanza la sua ostilità per le persone "come noi"! Lei ha il dente avvelenato, è una cosa più forte di lei... Da dove viene?»

Dal modo in cui si è immobilizzata, Arthur capisce che ha colto nel segno. La donna risponde con voce atona.

«Le persone *come voi*.... Vi credete più intelligenti degli altri, giusto? È talmente più facile farci passare per i cattivi, per dei poveretti, limitati, che non capiscono, vero?»

Arthur sente il petto stringersi sotto l'urto di quell'attacco. Come spiegarle che, in quella vicenda, bisogna innanzitutto uscire dalla logica *chi ha torto, chi ha ragione*? Se ognuno resta fermo sulle sue posizioni, non si può andare avanti! Louise Morteuil è completamente irrigidita. Arthur sente che deve riuscire a smorzare la tensione se vuole ottenere qualcosa.

«Ma no, niente affatto. Si sbaglia, signora Morteuil, non è quello che pensiamo. L'unica cosa che vogliamo è poter realizzare i nostri progetti in santa pace...»

«Realizzare i vostri progetti in santa pace...» ripete lei con un sorriso amaro. «Ti ha montato ben benino la testa il tuo mentore! E come ha fatto? Ti ha fatto credere che avrai un futuro senza passare dalla casella *fatica e impegno a scuola*, senza adeguarti alla disciplina, senza piegarti a quello che è richiesto dal sistema per imparare? È comoda, così!»

«No... Non mi ha insegnato niente di tutto questo. Lo so benissimo che è necessario fare degli sforzi per riuscire. Solo che non lo si può fare senza motivazione, e io l'avevo completamente persa. Quel che ha cambiato tutto per me, e che mi ha sbloccato, è stato vedere che potevo provare *piacere nello sforzo* e avere una vera soddisfazione nel lavorare per progetti che amo! Perché bisognerebbe per forza *soffrire per meritarsi qualcosa*?»

Le parole di Arthur la urtano visibilmente.

«Ma cosa ne sai tu della vita, coi tuoi sedici anni? Io li conosco i danni che si possono fare se si lascia credere a dei ragazzini come te che la vita può essere diversa da quella che è, che non bisogna faticare per restare a galla! Naturalmente la visione del tuo Basile è più attraente, molto più divertente! Ma non ti apre gli occhi sulla realtà. Ho visto mio padre e mio fratello pensare simili cose e so come sono finiti...»

Dopo quella confessione, Louise Morteuil si volta perché lui non possa vedere il suo viso. C'è un momento di silenzio. Arthur trattiene il fiato. Ha trovato la breccia. E ci si inserisce con voce più dolce.

«Io penso soprattutto che le cose non dovrebbero essere o nere o bianche, che bisogna diffidare dei giudizi troppo netti... Chi le dice che io non concordi con lei sull'importanza di darsi dei limiti, dei paletti, o di prendere gusto allo sforzo e alla disciplina? Se sapesse quante ore abbiamo passato con Basile a mettere a punto le invenzioni! Ci sono voluti fatica e rigore, anche per noi, ma quando lavoro a quel tipo di progetti non vedo il tempo passare, non me ne accorgo nemmeno...»

Louise Morteuil si gira di nuovo verso di lui.

«Cosa sei venuto a fare qui? Vuoi che ti applauda, che ti dia la mia benedizione per la tua futura carriera da artista maledetto?»

Arthur si schiarisce la voce prima di proseguire.

«Signora Morteuil», dice con la voce più posata che gli riesce, «Basile Vega ha cambiato la mia vita e io posso assicurarle che è stato un bene. Solo che ora tutte le vostre azioni, la vostra campagna di scredito, hanno finito per fargli passare la voglia di rimanere in questa città... Io vorrei evitarlo. Ho pensato a un nuovo genere di petizione, qualcosa di grande e sorprendente, per dimostrargli che la cittadinanza tiene a lui e non vuole la chiusura del Bazar della zebra a pois. Ma se voglio provare a realizzare questo progetto ho bisogno di lei per ottenere l'autorizzazione del sindaco...»

Louise Morteuil lancia un'occhiata alla cartelletta che Arthur ha tirato fuori dallo zaino. La fissa per un momento in silenzio. Lui osserva il movimento delle sue sopracciglia. Sembra sorpresa.

«In effetti è molto ambizioso.»

Si gira verso di lui, con un'espressione di nuovo impenetrabile, gli occhi stretti, sulla difensiva.

«Cosa ti fa pensare che io possa avere voglia di aiutarti?»

È il momento cruciale, quello del confronto finale. O riesce ad avere la meglio con i suoi argomenti o è la fine.

Gli occhi di Arthur cadono su una collezione di quattro splendide farfalle con un fine disegno nero e bianco, contornato di rosso, esposte in una teca di legno scuro.

«Delle farfalle così belle, chiuse in quella teca, con uno spillo... Non le sembra un peccato?»

«...non vedo il nesso.»

«Eppure, è questo il nocciolo della questione, signora Morteuil. *Tutti dobbiamo liberare la farfalla che è in noi!* Io, lei... tutti abbiamo dentro di noi questa parte creativa, sensibile, libera, meravigliosa quando apre le ali, ma che a volte resta ingabbiata in una scatola di legno come quella, inchiodata da uno spillo che le impedisce di prendere il volo...»

«...»

Lei lo fissa senza dire una parola. Arthur approfitta di quel silenzio per rincarare la dose: quegli argomenti sembrano funzionare.

«È questa la filosofia di Basile e del Bazar della zebra a pois. Liberare la "farfalla" che è in noi.»

Fa una pausa, come a teatro.

«Lei è una donna intelligente, signora Morteuil. La città ha bisogno di lei e della sua associazione. Essere un buon cittadino è una cosa che ha un senso, anche per me! Cercare di trasmettere valori, promuovere la cultura, la qualità della vita, l'ambiente... sono tutte cose che trovo davvero importanti, lo dico sul serio! Ma abbiamo bisogno anche di un Basile in questa città! Se solo lei riuscisse ad aprire gli occhi su quello che apporta in termini di inventiva, apertura, modernità!»

«Non so... forse...»

Ha detto «forse»? Sta guadagnano terreno?

Non lasciare nulla di intentato...

Si avvicina alla teca delle farfalle e la toglie dal muro.

«Dica la verità. Non ne ha abbastanza di vederle imprigionate lì dentro?»

Louise Morteuil gli prende la teca dalle mani e fissa le farfalle all'interno, come se le vedesse per la prima volta. Arthur è in piedi dietro di lei e sfodera le ultime carte.

«Io trovo che sarebbe bello simbolicamente liberarle, farle uscire da quella scatola... *restituirle alla terra*, insomma! Forse così potrebbero rinascere in un'altra forma!»

Arthur lascia che quelle parole risuonino nella stanza. Louise Morteuil lo guarda dritto negli occhi.

Il ragazzo sente che la sua energia è cambiata.

«Ti ho ascoltato. Ora devi andare.»

«Mi promette che ci penserà?»

Arthur scribacchia i suoi contatti su un pezzo di carta, poi lo appoggia su un angolo della scrivania.

Lei non risponde nulla. Arthur esce. Non saprebbe davvero dire se è riuscito a convincerla ad aiutarlo o no.

SCENA 42

Louise Morteuil è turbata dalla visita di Arthur. Prende la teca con le farfalle e la appende nervosamente alla parete controllando che sia ben dritta. Brani di quella strana conversazione le frullano per la testa e all'improvviso si sente molto stanca; per quello scambio, certo, ma anche per gli ultimi anni, passati a lottare, a battersi per una causa che la mette sempre dalla parte dei censori, dei guastafeste... Le sembra di non sapere più con certezza da che parte è il bene.

Incapace di lavorare, per la prima volta da secoli, decide di non andare alla redazione del giornale e darsi malata.

Chiama Opus che accorre ai suoi piedi e insieme camminano fino al garage sotterraneo dove è parcheggiata la loro auto. Guidare, fino a schiarirsi un po' le idee, ecco cosa ha in mente di fare.

Opus abbaia, visibilmente contento di quella manna insperata, e sale senza farsi pregare dal lato del passeggero. Louise Morteuil esce dalla città e raggiunge le piccole stradine rurali, propizie a un viaggio senza meta. Non sa dove sta andando e all'improvviso le sembra che il fatto di non saperlo le faccia del bene. Si accorge di avere le mani contratte sul volante e si sforza di allentare la presa; forse è tutto lì, in quel piccolo gesto: alleggerire la pressione, uscire dal ruolo schiacciante della persona che deve per forza controllare tutto.

Pensa alla sua vita e alla lunga serie di occasioni sprecate a causa di quel tratto della personalità. Il suo matrimonio, in particolare. Aveva compreso troppo tardi che l'amore non si può comandare a bacchetta. Non si era resa conto di quanto potesse risultare soffocante il desiderio di controllo e di quanto suo marito avesse sofferto per quella mancanza di libertà nella loro coppia. Quella fallimentare esperienza di vita coniugale l'aveva privata per sempre anche della possibilità di una maternità. Si era buttata anima e corpo nel lavoro e aveva investito tutto in una causa che le sembrava abbastanza nobile per giustificare tutti quei sacrifici. Totalmente assorbita dagli impegni del volontariato, non era più riuscita a ricostruire una vita di coppia, senza che la cosa le pesasse particolarmente, almeno questo era ciò di cui era riuscita a convincersi per la maggior parte del tempo.

Allontanandosi dalla città, i paesaggi di campagna diventano un po' piatti e desolati.

Somigliano alla sua vita sociale: una distesa disabitata. L'idea di quel vuoto le dà il freddo alla schiena,

Improvvisamente nella sua mente si materializza l'immagine della sua famiglia: suo padre, sua madre, suo fratello... È da Natale che non va a trovarli. Si era obbligata a passare da loro, almeno il tempo di una tazza di tè, per salvare le apparenze... Ogni volta che va lì ha la sgradevole impressione di turbare un quadretto idilliaco: la loro armonia ha l'insopportabile leggerezza di un arcobaleno che sembra uscito dritto da *Pleasantville* di Gary Ross. In qualche modo lei è sempre stata una nota stonata, lì dentro. E nonostante questo, ogni volta le riservano una calorosa accoglienza, tentano di tenere viva la conversazione, le chiedono notizie...

Louise riguarda nella testa il filmino di quei momenti e rivede il suo atteggiamento chiuso, quello sguardo critico rivolto a loro.

Suo malgrado, sente montare dentro di sé un'antica collera: è forse colpa sua se non si è mai sentita integrata in mezzo ai suoi? Se la sua mancanza di senso artistico la faceva sentire come la pecora nera della famiglia? Si erano mai resi conto di quanto lei potesse aver sofferto?

Una lacrima le si forma all'angolo degli occhi. Louise asciuga prontamente col rovescio della manica quello scomodo testimone dei suoi stati d'animo. Il suo dialogo interiore prosegue.

Hai tutto il diritto di essere arrabbiata, Louise. Ma come vuoi che loro capiscano, se non li vedi mai e non parli con loro?

Si fa le domande e si risponde da sola.

E perché dovrei essere sempre io a fare il primo passo? Ma dai, devi riconoscerlo, ne hanno fatti di passi verso di te... È che ti fa più comodo restare arroccata sulle tue posizioni.

Luise mette la freccia e accosta. Nasconde la testa tra le braccia appoggiate al volante.

Forse mi sono mostrata un po' troppo.... intransigente? Ma se lo meritavano! Hanno mai cercato di capirmi? Sì, però intanto quella che ci perde sei comunque tu! Quella che passa le sue domeniche a lavorare e i giorni di festa a brindare con la TV...

Louise Morteuil rialza la testa e guarda in lontananza. Una lunga strada dritta si perde davanti a lei verso il nulla.

Decide di cambiare direzione. Fare visita alla sua famiglia è certamente un'idea bislacca, eppure in quel momento l'idea di farlo la fa sentire meglio.

Trenta minuti dopo parcheggia davanti alla casa dei suoi, così familiare, e cammina fino al cancello. Resta per un istante col dito sospeso davanti al campanello. Come reagiranno di fronte a quella visita inattesa?

Suona e una tenda si scosta. Sua madre appare dietro la finestra chiusa e aggrotta le sopracciglia, visibilmente incredula nel vedere sua figlia al cancello. Esce di casa asciugandosi le mani in uno strofinaccio e le si fa incontro.

«Ciao! Cosa ci fai da queste parti? Ti sei persa?» scherza, con un'impercettibile sfumatura di rimprovero nella voce. «Gli uomini sono in laboratorio. Ti fermi per pranzo?»

Louise annuisce. È a disagio, non le viene niente da dire; meglio defilarsi.

«Vado a salutarli...»

«Vai, vai! Così preparo la tavola!»

Louise si avvia verso il magazzino. La ghiaia scricchiola sotto i suoi passi. Trova suo padre e suo fratello affaccendati attorno a uno strano oggetto scolpito: un mobile di legno sormontato da una testa di gatto dall'espressione severa, il cui addome è un cofanetto con due aperture che si sollevano a formare due ali.

«Lizzie!»

Solo suo fratello la chiama in quel modo.

«Louise, sei tu?»

La domanda di suo padre la infastidisce: certo che è lei, è ovvio, non è ancora diventata un fantasma!

I due si avvicinano e la baciano delicatamente. Louise, normalmente così rigida e controllata, si sente a disagio davanti a loro e dondola da un piede all'altro.

«Vi disturbo?»

Suo padre tossicchia e suo fratello guarda per terra.

«Stiamo finendo, dobbiamo dare l'ultima mano di vernice.»

«Ah... posso aiutarvi?»

Suo padre e suo fratello si scambiano uno sguardo sorpreso; è la prima volta che Louise propone di unirsi a loro per partecipare a uno dei loro lavori.

«Ehm, sì, se vuoi... Prendi un grembiule.»

Quando torna, con indosso un camice troppo grande per lei, suo padre le tende un pennello con un accenno di sorriso. Lei lo fissa, esita, lo prende.

Nell'ora che segue, non si scambiano una parola, ma il silenzio è tinto dalla muta speranza di una possibile distensione, di un nuovo inizio.

Arriva l'ora di pranzo e la loro naturale socievolezza finisce di sgelare le ultime stalattiti rimaste. A Louise succede qualcosa di eccezionale: si sta rilassando, finalmente!

La provocano un po' sul tempo trascorso dalla sua ultima visita, ma non sembrano, in fondo, avercela con lei.

Un dubbio atroce attanaglia Louise: se per tutti quegli anni non avesse punito sé stessa, tenendosi lontana dai suoi familiari, murata nel suo giudizio, imprigionata nelle sue certezze? Certo, i suoi parenti erano molto lontani dai suoi schemi di riferimento! Eppure, sembravano felici, orgogliosi della loro particolarità. Avevano trovato il loro posto e, nonostante l'evidente distanza tra i loro universi, restavano una famiglia.

Quando suo padre, sua madre e suo fratello la riaccompagnano all'auto, suo padre la trattiene un attimo in disparte. Si vede che cerca le parole.

«...so che non è stato sempre facile tra noi, Louise, ma... non credere che non avrei desiderato passare più tempo insieme... e riuscire a parlarci più facilmente!»

Louise sente una strana emozione pervaderla. Si sente rispondere: «Sì. Anch'io, papà».

Il sorriso svia l'attenzione dall'occhio lucido.

«Bene, allora torni a trovarci, magari non tra sei mesi?»

«Promesso.»

Si abbracciano fugacemente e Louise sale in macchina.

I tre agitano la mano per salutarla e lei si sorprende a fare lo stesso.

Mentre guida verso casa, si sente serena e in pace come non le accadeva da tempo; quella bella parentesi campestre sembra aver fatto proprio bene anche a Opus, che, dopo qualche eloquente sbattimento di coda, piomba nel sonno del giusto.

La macchina macina chilometri e Louise ripensa a Arthur, al suo progetto di petizione originale, alla sua foga, alla sua energia, al modo sorprendente di battersi per venire in aiuto di quel Basile Vega. Va detto che, nonostante le macchie sul suo passato, quel ragazzo non manca di coraggio e in questo merita rispetto.

Forse è tempo che io cominci a vedere il mondo con qualche sfumatura in più...

Due giorni dopo, Louise esce dal comune con passo frettoloso, Opus sempre attaccato alla caviglia. In una mano ha un foglio con l'indirizzo a cui deve recarsi. Nell'altra, una borsa che le sbatte contro i polpacci al ritmo delle falcate. Inutile prendere l'auto, non deve andare lontano.

Arrivata a destinazione, suona alla porta e una donna dai capelli scuri viene ad aprire. Louise chiede di Arthur. Il ragazzo appare nel vano della porta.

«Signora Morteuil?!»

Sembra stupefatto nel vederla lì.

«Va bene.»

«Cosa? Cosa va bene?»

«Dico per l'autorizzazione, ce l'hai. Per il tuo progetto.»

Il viso dell'adolescente si illumina di gioia. Louise Morteuil infila la mano nella borsa per tirare fuori l'oggetto. Arthur la guarda senza capire.

«E vorrei che tu mi mostrassi...»

«Cosa?»

«Come si fa a...»

«A fare cosa?»

«A restituire le farfalle alla terra!»

Il corteo funebre dei lepidotteri ha luogo in square Alberoni. Addio, teca-sarcofago e spilli che perforavano il gracile corpo di quelle farfalline! Ora volteggiano di nuovo nel cuore e nella mente dei loro due liberatori.

SCENA 43

Ho ricevuto un messaggio da Arthur: dice che verrà ad aspettarci in stazione direttamente al binario. Giulia muore dalla voglia di rivedere suo figlio dopo quindici giorni di lontananza. Il soggiorno a Parigi si è rivelato molto positivo per il progetto del detonatore sensoriale e, soprattutto, molto piacevole per i due innamorati che siamo. Prendere un po' di distanza rispetto agli avvenimenti recenti, allontanarci per qualche giorno da Mont-Venus, ci ha fatto davvero bene. Questo tête-à-tête nella città più romantica del mondo non ha fatto altro che aggiungere piacere a un viaggio inizialmente pensato in chiave professionale.

Ci sapevamo entrambi fragili, scottati dalle nostre esperienze sentimentali, segnati da ferite che rendono, volenti o nolenti, più guardinghi, più reticenti di fronte a ogni coinvolgimento. Così eravamo d'accordo sull'opportunità di darci tempo e avanzare passettino per passettino, senza proiettarci troppo nel futuro e fare progetti a lungo termine.

Eppure, mentre guardo Giulia concentrata a leggere il giornale, con la testa china di lato, ho la certezza che la nostra storia non è un'avventura... La profondità del nostro legame mi sorprende e sono consapevole del carattere quasi provvidenziale del nostro incontro.

Proprio per questo non voglio rovinare nulla. Conosco la difficoltà di far entrare qualcuno nella propria vita: le abitudini solitarie sono compagne invadenti e avere il coraggio di fare davvero posto all'altro è un gesto di coraggio, una sfida. Una sfida, però, da raccogliere.

Giulia alza lo sguardo verso di me e mi sorride, spazzando via tutti i miei dubbi. Sì, sono fiducioso. Per lei saprò essere audace...

Il treno entra in stazione.
Arthur è lì ad aspettarci. Risate, abbracci, effusioni. È felice di rivedere sua madre e, a quanto pare, anche di rivedere me. Mi sorprendo a provare una gioia viscerale.
«Venite! Ci aspettano...»
«Chi ci aspetta?»
«Shhh! Non posso dire niente!»
Ha architettato qualcosa... Mi fa tenerezza. In effetti c'è un'auto che è venuta a prenderci. Chiedo dove andiamo, ma: «Sorpresa!» è l'unica riposta che ottengo da Arthur.
«Non passiamo da casa?» si stupisce Giulia, a cui sarebbe piaciuto lasciare giù le valigie.
«Naaa, non riusciamo. Non c'è tempo...» ribatte il ragazzo, enigmatico.
Intrigati, stiamo al gioco.
Percorriamo le strade di Mont-Venus, che rivedo con affetto. Siamo a pochi isolati dal negozio. Ma perché Arthur vuole portarci lì?
Eccoci ora a un centinaio di metri. Ho come l'impressione di scorgere un assembramento davanti al Bazar della zebra a pois. Ci sono persino delle barriere per rendere pedonale quel pezzetto di strada e dei tavoli allestiti con dei cocktail colorati. Riconosco il sindaco, in piedi dietro a un microfono su una tribuna di fortuna, pronto a prendere la parola. L'automobile si ferma a qualche metro.
Arthur si gira verso di me con un sorriso radioso.
«Va'», dice semplicemente, per invitarmi ad andare a scoprire la mia sorpresa.
Scendo dalla macchina, a bocca aperta, e mi avvicino al Bazar della zebra a pois che ho lasciato, quindici giorni prima, in uno stato ben miserevole, con dei pannelli che coprivano la vetrina andata in frantumi.

I pannelli sono ancora lì, ma lo spettacolo che offrono mi lascia senza parole.

Arthur è accanto a me, con gli occhi scintillanti di orgoglio. Balbetto.

«Sei... sei stato tu a farlo?»

Fa di sì con la testa.

Davanti ai miei occhi si dispiega un grande affresco, di un incredibile realismo, di eccezionale impatto visivo, e con un sorprendente simbolismo. Il modo in cui Arth' interpreta la street art è pura poesia urbana.

Quell'affresco è l'espressione di una mente libera!

Un carcerato con la tipica uniforme a righe bianche e nere cavalca una zebra che si impenna orgogliosamente. Nel movimento, le righe del carcerato e quelle della zebra si mescolano e si trasformano in nastri che danzano al vento. L'insieme sintetizza benissimo lo spirito del mio negozio: la libertà di pensare, di creare, di fare!

Il carcerato... Che immagine perfetta per incarnare le nostre inibizioni, le nostre paure, le credenze che imprigionano le nostre idee coraggiose e ci impediscono di realizzarle!

Che bella metafora della prigione mentale che ci costruiamo noi stessi con le sbarre della paura del giudizio, dello sguardo altrui, del fallimento...

L'ho detto spesso a Arthur: non esiste fallimento. Esistono solo esperienze.

Le righe del carcerato sono delle fenditure. Penso alle parole di Audiard: «Benvenute le crepe, lasceranno passare la luce».

Guardo la zebra impennata, che sembra rivendicare la sua particolarità e singolarità.

È come se Arthur avesse creato la raffigurazione emblematica dell'*esser-sé!*

Esser lì dove si deve essere, nel posto giusto: ecco il punto, penso.

E i paletti del socialmente corretto?

La zebra è furba! Lei gioca coi paletti. Si conforma alle

regole sociali quel tanto che basta e si affranca dal resto per affermare la sua personalità.

Flessibilità e agilità mentale aprono molti possibili.

Avvicinandomi al disegno, rimango esterrefatto dalla tecnica utilizzata per realizzarlo: decisamente, non è il classico graffito eseguito con bombolette spray! Arthur si è inventato una procedura molto più complessa e ambiziosa. La sua immagine è tutta puntinata, come in certe opere della pop art che riprendono il reticolato di punti grazie a cui la stampa riproduce le immagini, costruite da una moltitudine di pixel che noi non percepiamo singolarmente, se non ingrandendo il tutto a sufficienza.

Ed è su questo che Arthur ha avuto un'idea incredibile: concepire un'immagine gigantesca utilizzando, al posto dei pixel, il logo rotondo della Zebra a pois!

Guardando più da vicino, un'ulteriore sorpresa mi balza agli occhi: all'interno di ogni pixel-logo zebra, noto una firma. Centinaia di punti, centinaia di nomi... Mi giro verso Arthur per ottenere spiegazioni. A quanto pare, si tratta di una sorta di *petizione visiva avanguardista*, attraverso cui gli abitanti di Mont-Venus hanno voluto testimoniare il loro sostegno al Bazar della zebra a pois. E visibilmente sono molti più di quel che pensavo coloro che apprezzano il mio lavoro! Il mio cuore batte più forte: forse davvero Mont-Venus non vuole che io me ne vada?

Arthur punta il dito sul logo zebra firmato da Louise Morteuil.

«Abbiamo fatto pace. Ti spiegherò...» mi dice a bassa voce.

I miei occhi si posano su un logo firmato Pollux. Mi sembra di leggere, minuscole, le parole: *Mi spiace*.

Mentre il sindaco si appresta a prendere la parola, Giulia si avvicina furtiva e lascia scivolare la sua mano nella mia. Arthur sta alla mia sinistra, accanto a me. Sono felice.

Il sindaco pronuncia alcune parole calorose sul negozio e si lancia in un discorso pieno di entusiasmo sullo spirito d'innovazione che fa l'orgoglio della città.

Il mio pensiero vaga. Penso alla mia vita bislacca. A quella cosa curiosa che sono le traiettorie, le direzioni che l'esistenza ci fa prendere.

In fisica e in matematica, la traiettoria è la linea descritta da un oggetto in movimento. Nelle scienze umane, una traiettoria è ciò che rende conto delle tappe e dei passaggi di un individuo nel corso di tutta la sua vita.

Una traiettoria umana può essere lineare? Come si presenterebbe la linea della mia vita, se volesse restituire i suoi voltafaccia, i suoi ritorni all'indietro, i suoi zig-zag, le sue esitazioni, le parti cancellate, corrette, riscritte, le trepidazioni, i soprassalti sinusoidali?

È una traiettoria particolare, strana, quella che mi sono disegnato. Non somiglia a nessun'altra. Somiglia e me. E non è forse questo ciò che conta di più?

Guardo gli abitanti presenti, che mi rivolgono espressioni calorose, e mi dico che alla fine il bambino sbarcato dalla Luna è riuscito a farsi il suo piccolo posto tra i terrestri.

Il sindaco annuncia la sua intenzione di esporre in modo permanente l'opera di Arthur nella grande hall del comune. Non proprio come il Muro della Pace di Parigi, ma qualcosa del genere; un po' un muro del suono, che si può oltrepassare, scavalcando le barriere invisibili delle paure e dei giudizi per concedersi l'apertura, il coraggio, l'inventiva... Il muro degli Spiriti Liberi.

...il muro dell'Audacia.

IL DIARIO DI BASILE

Cari amici del Bazar della zebra a pois,
  sono felice di mettere a vostra disposizione questi brevi appunti per permettervi di capire al meglio la filosofia dell'audacia e le nozioni che gravitano attorno a essa.
  Sognare più in grande, pensare più ampio, osare più liberamente.... Credo molto nel vostro potenziale di audacia! Che voi possiate affermare alta e forte la vostra singolarità: è rimanendo fedeli a questa, ne sono convinto, che avrete le maggiori probabilità di trovare la strada della vostra felicità...

  Buon viaggio.

  Creativamente vostro,

  Basile

L'audacia

Audacia, che fa rima con tenacia, indica un sistema di pensiero aperto, un altro modo di prendere la vita.

È un atteggiamento mentale positivo che genera slancio, motivazione, e crea l'energia indispensabile per riuscire ad agire, a rialzarsi e a inventare soluzioni creative in tutte le situazioni.

Per capire in un batter d'occhio questa filosofia, basta rimpiazzare lo spirito del **sì, ma...** con quello del **sì, e...**

Il **sì, ma...** è uno stato d'animo ideicida, castratore, che tira il freno in partenza e blocca la possibilità di innovazione, capacità di resilienza e soluzione dei problemi. Il **sì, ma...** tende a creare tensioni e a contrapporre le posizioni.

Al contrario, il **sì, e...** è uno stato d'animo aperto, costruttivo, positivo, che ragiona sulle soluzioni e non sui problemi, che incoraggia la co-creazione piuttosto che le rivalità.

In termini di analisi transazionale (teoria psicologica fondata da Éric Berne) il **sì, ma...** è la voce del genitore normativo e dell'adulto, che pensa attraverso filtri e griglie di valutazione pragmatici, privilegiando il razionale, il ragionevole, il noto e il quantificabile. Il **sì, ma...** pensa in termini di obblighi, fattibilità e realismo.

Il **sì, e...** contatta invece la parte del «bambino libero» che è in noi, creativa, indipendente e spontanea. Apre il campo dei possibili, ci spinge a uscire dalla zona di comfort per andare a esplorare territori nuovi.

Il «sì, e» ... si permette, il «sì, ma...» frena o blocca.

La filosofia dell'audacia ha per obiettivo quello di apri-

re la mente e farci uscire da una modalità di pensiero troppo normativa e limitante, per sviluppare risorse interiori favorevoli alla realizzazione personale, come il coraggio, la curiosità, l'entusiasmo, la volontà e la tenacia.

L'audace

audace – aggettivo singolare maschile e femminile: si tratta di un individuo non solo coraggioso, ma del tutto speciale, originale, che affronta le difficoltà, accetta il rischio e pratica l'apertura come forma di vita.

Il cuore del suo atteggiamento mentale:
allargare la visione, pensare fuori dai confini prestabiliti, aprire il campo dei possibili...

E, naturalmente, coltivare il **sì, e...**.

Quando abbiamo un sogno a cui teniamo molto, dobbiamo assolutamente evitare di iniziare a logorarlo con dei **sì, ma...**! Il seme di un sogno è qualcosa di molto fragile, bisogna trattarlo con delicatezza e averne molta cura.

Ma, confessiamolo, il **sì, ma...** ci viene proprio spontaneo!

Sì, ma... non ne sarai capace!
Sì, ma... costerà troppi soldi!
Sì, ma... la concorrenza sarà troppo forte!
Sì, ma... non riuscirai a conciliare tutto!

Obiettivo: disimparare il «sì, ma»... e rimpiazzarlo con il «sì, e...».

L'atteggiamento del «sì, e»... autorizza il **pensiero «bacchetta magica»**, assolutamente benefico all'inizio di un progetto sognato.

Bisogna provare a giocare a: «**E se tutto fosse possibile?**». Questo permette di far emergere idee e soluzioni particolarmente interessanti, poiché ci sbarazziamo momentaneamente di ogni forma di freno e limitazione.

In un secondo momento, ma solo in un secondo momento, si può restringere il campo, soppesare e valutare le idee, tornare a criteri di selezione, fare delle scelte.

L'audacia sulla punta delle dita

Come applicare concretamente il principio dell'audacia?

Ecco un trucco mnemotecnico infallibile per ricordarsi facilmente il metodo, grazie alle cinque dita della mano:

- **Il pollice dà l'impulso**
  L'immagine da visualizzare: il pollice alzato, il «grande sì», lo «yes power», sinonimo di entusiasmo e approvazione: l'innesco e il carburante di tutti i vostri progetti. L'effetto «ok»!
  La cosa da fare: identificare i vostri catalizzatori della motivazione, quelli che vi danno la forza e la voglia di passare all'azione. Questa energia positiva sarà la vera «miccia» dei vostri sogni.

- **L'indice mostra la direzione da seguire**
  L'immagine da visualizzare: il dito che punta verso la direzione, l'obiettivo finale, il sogno che mette le ali e dà la forza di sollevare montagne! L'effetto: «è quello che voglio!».
  La cosa da fare: andare là dove c'è bisogno delle vostre competenze e dei vostri talenti. Sviluppare una visione lucida e precisa di quel «luogo» che è giusto per voi.

- **Il medio si impone**
  L'immagine da visualizzare: il dito che dice «*fuck!*» ai detrattori (prendiamoci la libertà di dirlo!).

<u>La cosa da fare</u>: rinforzare la vostra fiducia in voi stessi, crederci, fare orecchie da mercante con persone negative, pessimiste o paurose. Pensare «*fuck!*» vi aiuterà ad avere il coraggio di «uniformarvi» di meno. L'audacia significa anche saper essere più rock n'roll nella propria testa.

- **L'anulare cerca alleanze**
<u>L'immagine da visualizzare</u>: il dito che porta l'anulare, effetto: «l'unione fa la forza». Per avere successo, è buona cosa essere in giusta compagnia! Non si fa niente da soli...
<u>La cosa da fare</u>: sviluppare un'attitudine alla co-creazione, suscitare «incontri-scintilla», avvicinarsi alle persone giuste, positive, complementari, capaci di generare una benefica emulazione per i vostri progetti.

- **Il mignolo ha le antenne tese**
<u>L'immagine da visualizzare</u>: «il mio ditino mi ha detto». Quel mignolino che vi sussurra all'orecchio rappresenta la vostra «antenna», il vostro timone interiore.
<u>La cosa da fare</u>: essere in ascolto del vostro intuito e delle vostre emozioni per sapere cosa è «giusto» e riaggiustare il tiro man mano che i progetti progrediscono.
<u>La seconda immagine da visualizzare</u>: «da cosa nasce cosa», «*Think big but start small*»: i più grandi successi sono cominciati da piccole conquiste.
<u>La cosa da fare</u>: diventate il Pollicino dei vostri sogni e presto correranno come se avessero ai piedi gli stivali delle sette leghe.

Ecco la mano dell'Audacia!
La mano che osa, il pugno chiuso che incarna la determinazione, il coraggio e la perseveranza.

I nemici dell'audacia

L'apatia. Il giudizio. Il sovra-senso critico. L'ansia cronica.
Le proiezioni ansiose e negative. L'eccesso di controllo.
Le false credenze.
Le paure. La noia.

L'idea vincente: identificare i propri freni e, al bisogno, farsi accompagnare da un professionista (coach o terapeuta) per disattivarli, o, se è il caso, smontarli del tutto.

⚜ Diventare ambidestri di cervello...

Mancino o destro... E perché non **ambidestro**?

L'idea: imparare a sfruttare le potenzialità dei vostri due emisferi cerebrali.

Il **beneficio**: darvi ancora più **apertura** e una sensazione di **completezza**, facendovi esplorare tutte le vostre sfaccettature.

L'**emisfero sinistro** è più legato al ragionamento logico e razionale e l'**emisfero destro** più all'intuizione e al lato emotivo.

Buona notizia! Tutte queste capacità possono essere sviluppate, poiché il cervello è un muscolo che può essere allenato.

Si tratta di esercitare le parti del vostro cervello che solitamente sollecitate meno, in particolare per sviluppare le capacità dell'emisfero destro, ancora sottostimato nelle nostre società, che spesso privilegiano il sistema normo-pensante e gli approcci più pragmatici, logici, razionali.

Il versante dell'intuizione, delle emozioni e della creatività, nozioni non misurabili e difficilmente controllabili, suscita ancora una certa diffidenza.

Invece è certo che i nostri due emisferi sono fatti per lavorare insieme, mano nella mano. Allora, pronti a diventare ambidestri?

Strana bestia...

Giulia, Arthur e io siamo delle «zebre».

Questo termine è stato inizialmente impiegato dalla psicologa Jeanne Siaud-Facchin, autrice di studi sui bambini iperdotati e del volume *Troppo intelligenti per essere felici*.

Mi sembra importante però distinguere gli «iperdotati», piccoli geni dal QI particolarmente elevato, e le «zebre» o individui neuro atipici, di cui io faccio parte.

Le «zebre» non sono «più intelligenti», sono **intelligenti in un altro modo**.

Ed è proprio questo «altro modo» che è interessante prendere in considerazione.

Esistono diverse forme di intelligenza. Perché valorizzarne solo una?

Un altro modo di pensare, un altro modo di percepire... Le zebre hanno un sistema di pensiero rigoglioso, arborescente più che lineare, e spesso un cervello iperattivo che non lascia loro riposo! Si annoiano presto e dunque hanno bisogno di concepire continuamente nuovi progetti. Quando una cosa non è di loro interesse, si sganciano subito, ma si mostrano di una tenacia indefessa quando il loro interesse è sollecitato. Allora fanno di tutto per eccellere (Arthur ne è un buon esempio.)

Iper-ricettivi, iper-sensibili, iper-reattivi, gli individui zebra reagiscono, eccome! Con i loro sensori sovrasviluppati, sentono tutto più intensamente (come avviene a Giulia con il suo olfatto), anche se alcuni non lo mostrano o cercano di nasconderlo. Non è così semplice, per esempio, confessare una ipersensibilità alla luce, ai rumori, alle variazioni di temperatura, agli odori... L'individuo zebra ci tiene alla sua «normalità», non ha nessuna voglia di apparire «strano».

E a ragione: l'ipersensibilità, che sia sensoriale o emotiva, può apparire a un primo sguardo come un difetto. La parola «ipersensibile» sembra rimandare, ancora oggi, a una qualche debolezza o fragilità.

Ecco perché, quando ero bambino, mi ero inventato un **osservatorio della normalità**. *Cosa bisogna fare per essere «socialmente accettabili»?* Questa domanda assilla gli individui zebra...

Come sempre, la soluzione è probabilmente nel giusto mezzo: assimilare i codici sociali di base è comunque essenziale per far parte di un gruppo! Questa però è solo metà della strada. L'altra metà consiste nell'affermare la propria singolarità senza sentirsi giudicati o rifiutati. **Questo lavoro di accettazione delle differenze è una responsabilità di tutti.**

L'individuo zebra si sente spesso diverso dagli altri, **«non conforme»**.

Ha due possibilità di fronte a sé:
- sovra-adattarsi per sparire nell'insieme del socialmente accettabile
- affermare la propria singolarità e le proprie differenze, e soprattutto trovare un ambiente favorevole, capace di accogliere il suo atipismo!

...Atipismo che rappresenta una vera e propria ricchezza per il gruppo, così come ogni forma di diversità.

⚘ Gli extra-progetti

«Extra» come «estatico». Euforizzante.

Si tratta di tutti quei progetti o attività che vi fanno passare momenti unici, che trascendono la vostra vita, facendovi sentire fuori dal tempo e emancipandovi temporaneamente da preoccupazioni materiali (fame, fatica, problemi).

Questi extra-progetti vi danno un senso di intensa soddisfazione e realizzazione personale.

Esempi di extra-progetti

Ogni progetto di creazione (pittura, scrittura, danza ecc.).
Ogni progetto che comporta il superamento dei propri limiti (sport, competizione, sfide ecc.).

Trovate i vostri extra-progetti: ricchi di senso, sono ciò che può darvi davvero la sensazione di essere nutriti in profondità, liberi e felici.

Quando siete immersi in un extra-progetto, siete non solo in uno stato di coscienza modificato, ma soprattutto in un diverso stato di presenza rispetto al reale: la vostra mente riesce allora a estrarsi dall'ordinario e sfuggire al flusso dei pensieri ciuccia-energia. «Siete» talmente dentro quello che fate che abitate il presente del vostro compito con un'intensità «immersiva». Quei momenti in cui si dimentica tutto sono, per come la vedo io, i più felici dell'esistenza...

✿ Come sviluppare i propri extra-progetti?

- Identificare i propri ambiti prediletti, le attività che ci fanno vibrare e ci danno grande gioia.
- Concedersi lunghi e bei momenti di pratica!
- Porsi sfide che implichino un risultato da raggiungere.
- Far balenare nella propria mente il risultato finale, visualizzarlo, farne una leva per la propria motivazione. Godere di questa prospettiva di realizzazione.

La serendipità

Viene da un termine inglese: *serendipity*, utilizzato nel 1754 da Horace Walpole e ispirato al racconto orientale *Peregrinaggio di tre giovani figliuoli del re di Serendippo* di Cristoforo Armeno, pubblicato nel 1557.

Il testo narra le avventure di tre uomini che, nel corso del loro viaggio, incappano in elementi apparentemente senza rapporto con ciò che cercano, ma che si rivelano in realtà essenziali per la riuscita dei loro obiettivi.

Dagli anni Ottanta il termine «serendipity» si è diffuso come termine per indicare scoperte causali che possono rivelarsi preziose.

Come diventare felici fautori della serendipità?

- Mettersi in un atteggiamento di ricerca (attenzione, curiosità...).
- Essere pronti all'imprevisto (disponibilità intellettuale).
- Riconoscere e saper cogliere «l'opportunità», «la fortunata casualità», a volte perfino il «fortunato incidente».
- Vedere il potenziale anche quando esso non salta ancora agli occhi.
- Sfruttare ciò che si è scoperto, «metterlo a profitto».

Gli incontri-scintilla

Mettete a contatto alcune persone: non accade nulla. Mettetene altre e all'improvviso avete un fuoco d'artificio.

Ci sono persone che si respingono reciprocamente, altre che si «accendono».

Tra loro passa una sorta di corrente elettrica, si sprigionano scintille. I due esseri si ispirano reciprocamente. Si sentono sulla stessa lunghezza d'onda. È qualcosa di un po' magico, inspiegabile. Ecco quel che io definisco un incontro-scintilla.
Sono incontri prolifici, ricchi, fruttuosi.

Non perdete mai l'occasione di provocare incontri-scintilla con alter-ego per voi stimolanti.
Di converso, fuggite le relazioni che vi «spengono», vi impoveriscono, non vi nutrono.

La mia amica paura

La paura si può addomesticare. Sarà per forza di cose la vostra compagna di strada, perché ogni cambiamento e ogni percorso di trasformazione è accompagnato da paure.

Non aspettate di essere pronti per osare (non lo si è mai).

Andate avanti CON la paura. Ciò che temiamo di più si rivela a volte meno terribile di quanto avessimo pensato. Le paure «immaginate» sono peggiori delle preoccupazioni reali e vissute, quando si passa all'azione.

Agire spazza via le paure.

✎ L'atteggiamento del vero vincente

La cosa peggiore non è fallire, è non aver provato.

Coloro che non tentano nulla, in effetti, non rischiano di sbagliare. Ma non lasciatevi abbindolare! Non ci sono errori, solo esperienze da cui potete trarre insegnamenti.

Un atteggiamento mentale da vincente va di pari passo con una certa umiltà: bisogna avere il coraggio di guardare le cose in faccia e mettersi in discussione.

È solo a questa condizione che si può essere lucidi e darsi la possibilità di aggiustare il tiro e adottare una strategia migliore.

«Bisogna saper perdere per vincere» (Monsignor de Souza)
«I vincenti trovano soluzioni, i perdenti trovano scuse» (Franklin D. Roosevelt)

Il potere del rimettere in discussione
Non dare mai nulla per acquisito, interrogarsi sulle proprie pratiche, rimetterle in discussione.

Cosa funziona? Cosa non funziona? Come posso migliorare la mia organizzazione/il mio modo di agire?

Strategia vincente per eccellenza:
A: vinco;
B: vinco.

I segreti della creatività

Condurre una seduta di brainstorming

Essere OPEN: onirici, positivi, entusiasti, non giudicanti

Lo spirito critico e negativo deve restare alla porta, perché si tratta di un atteggiamento ideicida, il miglior modo per uccidere le idee *in nuce*, ancora prima che vedano il giorno. Al contrario, non bisogna avere paura di dire quel che passa per la testa, perché spesso è attraverso le idee grezze che si trovano le vere buone idee!

La creatività è prima di tutto uno stato d'animo da coltivare:
- essere permissivi con voi stessi
- lavorare sulla vostra apertura mentale
- coltivare la giovinezza d'animo allenando un atteggiamento di curiosità
- aprire i possibili, focalizzarsi sul positivo, pensare in termini di soluzioni più che di problemi, in termini di cooperazione più che di concorrenza.

DNA

Affermarsi nella propria singolarità, trovare la propria essenza.

Differenziarsi coltivando la propria identità e unicità
Nutrire la fiducia nel proprio valore
Affermare e sviluppare i propri talenti specifici

L'audacia estrema
non è forse concedersi la felicità di essere se stessi?

Baci da *Basile*

*Per proseguire l'esperienza di trasformazione
nella vita reale, in qualunque parte del mondo voi vi troviate,
la mia sorella gemella Stéphanie vi accompagna
attraverso colloqui a distanza
su femina-coaching.fr*

RINGRAZIAMENTI

Agli audaci e agli spiriti liberi.

Un occhiolino a Giordano Bruno, antenato di cuore più che di sangue, ma che incarna così bene lo spirito dell'Audacia! Coraggio e tenacia al tempo stesso... Si è battuto per dimostrare la possibilità di un Universo infinito, disseminato di una incommensurabile quantità di mondi identici al nostro. Bruciato vivo per le sue idee.

A mio nonno paterno, Roger Giordano, inventore di «presse piegatrici» rivoluzionarie, a cui all'inizio non credeva nessuno e che invece fecero la sua fortuna.

A mio nonno materno, Jean Nohain, pioniere della televisione francese, sempre alla ricerca di idee nuove per incoraggiare la creatività e il talento.

A mio padre, François Giordano, inventore di un dispositivo di sicurezza informatico ormai utilizzato a livello mondiale e che a oggi è stato installato su più di ottanta milioni di veicoli.

Un ringraziamento speciale a Édouard Vaury della Inhalio di Saint-Malo, specializzata nella diffusione del profumo, per il suo prezioso contributo. Grazie per avermi fatta entrare nell'universo dell'olfattivo, che ci ha condotti fino a Grasse a visitare la sede della SFA Romani, Société française d'aromatiques. Grazie alle sue squadre che mi hanno così generosamente aperto le porte dei loro laboratori per iniziarmi al mondo misterioso dei profumieri e delle fragranze...

Un grazie anche a Olivier Mével, creatore di oggetti «intelligenti», per i nostri ispiranti scambi zebreschi.

A mia madre. A mia sorella. Tra noi l'effetto-scintilla ha sempre qualcosa di magico. Stessa lunghezza d'onda, stessa lunghezza d'animo...

A mio figlio Vadim, il mio bell'elettrone libero, che guarderò con emozione inventarsi la sua propria traiettoria.

A Régis, Nonk sempre.

A Joë e Nina, i miei cari nipoti «destri di cervello», e anche a Émile.

A Christophe, mio fratello, un bell'artista.

A Caroline, la mia editrice e molto di più.

A tutta la squadra di Plon, a cui sono particolarmente legata.

A tutte le persone che hanno lavorato a questo libro perché potesse prendere il volo fino a voi, amici lettori.

A tutti. Siamo inventori delle nostre vite!

Finito di stampare nel mese di giugno 2021
presso ELCOGRAF S.p.A. Stabilimento di Cles (TN)